PAPIERS

ET

CORRESPONDANCE

DE

LA FAMILLE IMPÉRIALE

PIÈCES

TROUVÉES AUX TUILERIES

I

AFFAIRES DU MEXIQUE.

—

LETTRE DE M. J.-B. JECKER A M. CONTI, CHEF DU CABINET DE L'EMPEREUR.

M. Jecker explique dans la pièce qui suit les causes de l'expédition mexicaine.

Paris, 8 décembre 1869.

Monsieur,

Ne trouvez pas étrange que je m'adresse à vous de préférence, ayant à vous entretenir d'une affaire qui regarde particulièrement l'Empereur.

Vous aurez assez entendu parler de mon affaire des Bons pour la connaître un peu. Eh bien, je trouve que le Gouvernement la considère avec trop d'indifférence, et que, s'il n'y fait pas attention, elle pourrait amener des suites fâcheuses pour l'Empereur.

Vous ignorez sans doute que j'avais pour associé dans cette affaire M. le duc de Morny, qui s'était engagé, moyennant 30 pour 100 des bénéfices de cette affaire, à la faire respecter et payer par le Gouvernement mexicain, comme elle avait été faite dès le principe. Il y a là-dessus une correspondance volumineuse d'échangée avec son agent, M. de Marpon.

En janvier 1861, on est venu me trouver de la part de ces messieurs pour traiter cette affaire.

Cet arrangement s'est fait lorsque ma maison se trouvait déjà en liquidation, de sorte que tout ce qui la regarde appartient exclusivement à celle-ci.

Aussitôt que cet arrangement fut conclu, je fus parfaitement soutenu par le Gouvernement français et sa légation au Mexique. Celle-ci avait même assuré à mes créanciers, au nom de la France, qu'ils seraient entièrement payés, et avait passé des notes très-fortes au Gouvernement mexicain sur l'accomplissement de mon contrat avec lui, au point que l'ultimatum de 1862 exigeait l'exécution pure et simple des décrets. Depuis cette époque, j'ai été constamment exposé à la haine du parti exalté, qui m'a jeté en prison, ensuite m'a banni, me confisquant mes biens.

L'affaire en resta là jusqu'à l'occupation du Mexique par les Français. Sous l'empire de Maximilien, et aux instances du Gouvernement français, on s'occupa de nouveau du règlement de mon affaire. En avril 1863, je parvins, aidé des agents français, à faire une transaction avec le Gouvernement mexicain.

A la même époque, M. le duc de Morny vint à mourir, de sorte que la protection éclatante que le Gouvernement français m'avait accordée cessa complètement. Le Ministère des finances français permit bien qu'on payât les premières traites que le Gouvernement mexicain m'avait données sur Paris pour couvrir une partie de ce qu'on me devait, mais les agents français au Mexique s'opposèrent, d'après les instructions qu'ils avaient reçues, qu'on me délivrât les traites pour 10 millions de francs solde de ma transaction, malgré que j'en eusse parfaitement rempli les conditions, et que le Gouvernement mexicain était disposé à me payer, se trouvant avoir à Paris, à cette époque, plus de 30 millions de francs.

Comme le Gouvernement français avait déclaré dans les Chambres qu'il s'était opposé à l'exécution de ce contrat et qu'il s'était appliqué ce qu'on aurait dû me payer, je fus obligé, comme liquidateur de ma maison et après avoir épuisé les voies de conciliation, de lui intenter un procès devant le Conseil d'État. Malheureusement cette démarche n'a eu aucun résultat, car ce tribunal vient de se déclarer incompétent, d'après l'indication que m'en a faite le Ministre des finances dans sa défense.

J'étais aussi un des plus forts indemnitaires mexicains. La Commission mixte établie à Mexico m'avait reconnu une somme de 6 millions de francs environ, qui a été réduite par celle-ci à 500,000 fr. à peu près. Je suis en instance pour la différence auprès du Ministre des affaires étrangères, qui n'a pas encore daigné me répondre là-dessus. Mais à l'avance je m'attends à la réponse négative que m'a donnée le Ministre des finances pour l'affaire des Bons.

Quelques créanciers, voyant que je n'obtenais rien du Gouvernement pour mes principales réclamations, ont mis saisie-arrêt à la Caisse des dépôts et consignations sur ce que j'ai à recevoir de ces 500,000 francs, de sorte que je n'ai pu disposer que d'une faible somme pour les besoins pressants de ma maison.

Complétement ruiné par suite de l'expédition au Mexique, n'ayant plus rien à faire ici et ne pouvant rien y faire, je suis obligé de retourner là-bas pour rendre compte à mes créanciers de ma gestion.

Malgré que je n'aie rien négligé pour tâcher de payer la totalité de ce que je leur dois, comme je n'ai pu y parvenir par suite de circonstances extraordinaires qu'il m'a été impossible d'éviter, ils ne tiendront pas compte des sacrifices énormes que j'ai faits pour y arriver et me traiteront sans considération aucune.

Ils voudront savoir le motif qui avait porté, en 1861, M. de Saligny, alors ministre au Mexique, à leur promettre au nom de la France qu'ils seraient payés de ce que ma maison leur devait, et pourquoi, en 1863, cette protection extraordinaire m'a été si brusquement retirée par le Gouvernement français.

Quoique, jusqu'à présent, j'aie gardé le plus grand secret sur cette affaire, malgré qu'on m'ait fortement engagé à la publier, je serai obligé de me défendre pour ne pas me voir jeté en prison pour dettes; je suis forcé de dire à mes créanciers ce qui s'est passé, en leur délivrant tout ce que j'ai là-dessus, qu'ils réclameront d'ailleurs comme appartenant à ma liquidation. Le Gouvernement mexicain sera enchanté de connaître cette affaire à fond pour sa conduite ultérieure avec la France.

Je prévois bien l'effet qu'une confession semblable produira dans le public et le mauvais jour qu'elle jettera sur le Gouvernement de l'Empereur, surtout dans les circonstances critiques où nous vivons; mais je ne puis l'éviter, à moins qu'on ne me facilite les moyens de faire une proposition à mes créanciers en les empêchant, par ce moyen, d'exiger que je leur rende compte de ma liquidation. Cela me serait d'autant plus facile que, parmi les propriétés que le Gouvernement mexicain n'a pu saisir, à cause de l'intervention de mes créanciers, qui ont réclamé comme appartenant à la liquidation de ma maison ce qui est sa propriété, elle possède, encore des mines et des forges qu'elle n'a pu exploiter dernièrement à cause de la pénurie où elle se trouve, mais qui, avec des fonds suffisants, laisseraient de beaux bénéfices et seraient à même de couvrir ce qu'elle doit, surtout à présent qu'on vient de perfectionner en Allemagne des appareils à concentrer le minerai qui permettraient de réduire le pauvre, qui est toujours très-abondant, et d'en retirer des bénéfices qu'elles n'auraient pas pu donner autrefois, avec l'ancien système encore employé au Mexique.

Ne doutant pas que, dans l'intérêt que vous portez à l'Empereur, vous n'ayez l'obligeance de lui faire part de ces justes observations, je vous prie, Monsieur, d'agréer l'assurance de ma considération distinguée.

J.-B. JECKER.

II.

COPIE D'UNE LETTRE DU GÉNÉRAL DUCRCC AU GÉNÉRAL TROCHU.

Cette copie se trouvait dans le cabinet de l'Empereur qui, sans doute n'a jamais eu l'original entre les mains.

La copie a été prise, selon toute probabilité, par les employés du cabinet noir. — La note qui se trouve en tête et qui indique : 1° que la lettre n'est pas datée ; 2° qu'elle est arrivée à Paris le vendredi matin, 7 décembre 1866, laisse peu de doutes à cet égard.

On verra dans la pièce suivante (lettre de M. de Persigny à l'Empereur) l'existence du cabinet noir hautement avouée.

Extrait d'une lettre du général Ducroc au général Trochu.

Cette lettre n'était pas datée : elle porte le timbre de Strasbourg et elle est arrivée vendredi matin, 7 décembre 1866, à Paris.

Puisque tu es en train de faire entendre de bonnes vérités aux illustres personnages qui l'entourent, ajoute donc ceci : Pendant que nous délibérons pompeusement et longuement sur ce qu'il conviendrait de faire pour avoir une armée, la Prusse se propose tout simplement et très-activement d'envahir notre territoire. Elle

sera en mesure de mettre en ligne 600,000 hommes et 1,200 bouches à feu, avant que nous ayons songé à organiser les cadres indispensables pour mettre au feu 300,000 hommes et 600 bouches à feu.

De l'autre côté du Rhin il n'est pas un Allemand qui ne croie à la guerre dans un avenir prochain. Les plus pacifiques, qui, par leurs relations de famille ou par leurs intérêts, sont plus Français, considèrent la lutte comme inévitable et ne comprennent rien à notre inaction. Comme il faut chercher une cause à toutes choses, ils prétendent que notre Empereur est tombé en enfance.

A moins d'être aveugle, il n'est pas permis de douter que la guerre éclatera au premier jour. Avec notre stupide vanité, notre folle présomption, nous pouvons croire qu'il nous sera permis de choisir notre jour et notre heure, c'est-à-dire la fin de l'Exposition universelle, pour l'achèvement de notre organisation et de notre armement.

En vérité je suis de ton avis et je commence à croire que notre gouvernement est frappé de démence. Mais si Jupiter a décidé de le perdre, n'oublions pas que les destinées de notre patrie et que notre propre sort à tous est lié à ses destinées, et, puisque nous ne sommes pas encore atteints par cette funeste démence, faisons tous nos effort pour arrêter cette pente fatale qui conduit tout droit à des précipices.

Voici un nouveau détail sur lequel j'appelle ton attention, parce qu'il est de nature à faire ouvrir les yeux les moins clairvoyants.

Depuis quelque temps, de nombreux agents prussiens parcourent nos départements de la frontière, particulièrement la partie comprise entre la Moselle et les Vosges ; ils sondent l'esprit des populations, agissent sur les protestants, qui sont nombreux dans ces contrées et sont beaucoup moins Français qu'on ne le croit généralement. Ce sont bien les fils et les petits-fils de ces mêmes hommes qui, en 1815, envoyaient de nombreuses députations au quartier général ennemi pour demander que l'Alsace fît retour à la patrie Allemande. C'est un fait bon à noter, car il peut être avec raison considéré comme ayant pour but d'éclairer les plans et la campagne de l'ennemi. Les Prussiens ont procédé de la même façon en Bohême et en Silésie trois mois avant l'ouverture des hostilités contre l'Autriche.

III.

EXISTENCE DU CABINET NOIR.

Le gouvernement déchu a toujours nié l'existence de ce *cabinet noir* où les lettres des particuliers étaient décachetées et lues. La lettre suivante de M. de Persigny prouve l'existence de ce cabinet, qui avait, comme on l'a vu, pris connaissance de la lettre du général Ducroc au général Trochu.

Le cabinet s'inquiétait même des affaires de famille. La Commission a trouvé, par exemple, copie d'une lettre intime, adressée par Madame de Rémusat à M. de Rémusat. Au cabinet noir, on avait ouvert et fait copier ces correspondances.

Sire,

Permettez-moi d'adresser directement à Votre Majesté un exemplaire d'un ouvrage qui vient d'être publié par mes compatriotes du Forez et qui forme un recueil des principales choses que j'ai faites, dites ou écrites.

Je prends la liberté de faire quatre marques au livre. Si vous voulez bien lire trois courtes allocutions faites par moi dans mon pays, vous verrez dans quel esprit s'exerce l'influence que je puis avoir dans ma province. Je signale en outre un exposé succinct de mon système des Pyramides, qui résume, je crois, très-clairement toute la question.

Je n'ai pas provoqué cette publication. Elle a été préparée à mon insu, et ce n'est qu'au dernier moment qu'elle m'a été communiquée. M. Bavoux, le conseiller d'État, m'avait longtemps sollicité de la faire faire dans un sentiment napoléonien; et n'avait pu triompher de mon indifférence. Mais aujourd'hui je ne suis pas fâché qu'elle ait été faite.

Sire, à cause de la question des titres, je n'ai pu vous dire mon impression sur la réduction de l'armée; mais je ne crois pas qu'on ait fait faire depuis longtemps une faute plus grave à Votre Majesté. Quand on veut réduire l'armée et arrêter

l'avancement dans tous les pays, on invoque de grandes considérations de politique européenne. Si l'armée se voit blessée dans ses intérêts, elle est du moins forcée de s'incliner devant de grandes raisons. L'intérêt public et son patriotisme lui imposent la résignation. Mais n'alléguer que des raisons vulgaires d'économie pour gagner douze à treize millions dans un budget de près de deux milliards, blesser à ce point l'armée, en vérité, c'est payer bien cher une économie de bouts de chandelle. Puis annoncer au monde que le pays est tellement obéré qu'il ne peut pas solder son armée, en vérité, je le regrette, cela me paraît être le comble de l'imprudence politique et financière. Décidément ces deux hommes d'affaire, Fould et Rouher, par leur absence complète de sens politique, semblent conjurer votre perte.

J'aurais voulu vous parler aussi d'un sujet délicat. J'ai reçu des révélations au sujet du service de ce qu'on appelle *le Cabinet noir*, par le chef de bureau. Cet homme a besoin de son pain; il ne faut donc pas révéler à ses chefs les observations qu'il m'a faites. Elles intéressent le service de Votre Majesté. Si Votre Majesté venait à Paris, je la prierais de me faire donner une audience; mais pas à Compiègne, parce que cela fait trop de tapage dans le gouvernement.

Je suis avec respect, Sire, de Votre Majesté le très-humble et très-dévoué serviteur et sujet,

PERSIGNY.

(Sans date.)

Les serviteurs de l'Empire se dénonçaient volontiers entre eux. A propos de M. de Persigny, l'extrait suivant d'un rapport émanant du *cabinet du Préfet de police*, et daté du 28 novembre 1869, donne à Napoléon le renseignement suivant :

Il y a quelques jours à peine, dans un restaurant de Paris, M. de Persigny (je crois pouvoir garantir le fait), mettait sa main dans dans celle de Glais-Bizoin : l'un contre l'empire, l'autre contre M. Rouher, je le veux bien; mais M. de Persigny s'exprimait sur la situation dans les termes les plus alarmants. N'est-ce point un signe du temps?

Le préfet de police,
J.-M. PIÉTRI.

IV.

Il prévoit la chute de l'Empire.

Chamarande, 15 décembre 1867.

SIRE,

Je prie Votre Majesté de lire cette lettre avec attention...

(Quatre pages in-8° sur un projet de loi sur la presse, puis cette appréciation de la situation générale de l'Empire à la fin de 1867.

Et maintenant, Sire, que j'ai fini ce sujet, je n'y reviendrai pas, car, je l'avoue, je n'ai plus la liberté d'esprit nécessaire pour traiter des sujets relativement secondaires en présence des grosses questions qui s'agitent aujourd'hui, quand l'Empire semble crouler de toutes parts ; quand cette lutte acharnée, implacable, que vous font ceux qui, sous prétexte d'établir le régime parlementaire ont juré votre perte, se poursuit de succès en succès ; quand enfin chaque victoire oratoire de vos ministre est une défaite pour Votre Majesté. J'ai suivi les derniers débats ; j'ai vu d'un côté la haine la plus atroce, et quelque chose encore de plus que la haine, s'attaquant à vous, et à vous seul : le ton, le geste, tout traduisait aux yeux de tous une pensée implacable ; et de l'autre, votre Gouvernement, forcé peut-être à cette attitude par la situation des choses, s'inclinant devant vos ennemis, demandant humblement à des adversaires acharnés de retirer leurs interpellations, abandonnant d'un trait toute la politique suivie depuis quatorze ans, entre l'extrême droite et l'extrême gauche ; enfin, faisant d'un acte énergique, d'une victoire de Votre Majesté, l'occasion d'un triomphe pour vos ennemis. Et maintenant, entre ce qui n'est plus l'empire et ce qui n'est pas encore le régime parlementaire, faut-il s'étonner du désarroi public et du trouble des esprits ? Pour moi, je le répète, je n'ai plus le courage de poursuivre des études abstraites au milieu d'une pareille anarchie morale. Si Votre Majesté ne voit pas le mal, à quoi bon faire des plans d'amélioration pour une maison qui brûle, et, si elle le voit, pourquoi s'isoler de ses plus dévoués serviteurs, pourquoi ne mettre personne dans la confidence de ses préoccupations, afin de rechercher le moyen de changer cet état de choses !

Je suis avec respect, Sire, de Votre Majesté, le très-humble et très-dévoué serviteur et fidèle sujet.

PERSIGNY.

V.

Napoléon était depuis longtemps averti du danger que pouvait faire courir à la France une Allemagne unifiée et organisée militairement entre les mains de la Prusse. La lettre qui suit, adressée par la reine de Hollande à M. d'André lors de la guerre de 1866, se trouvait dans les papiers de M. Conti. La note mise en tête est de l'écriture de Napoléon.

Copie d'une lettre de la reine de Hollande à M. d'André.

18 juillet 1866.

Vous vous faites d'étranges illusions ! Votre prestige a plus diminué dans cette dernière quinzaine qu'il n'a diminué pendant toute la durée du règne. Vous permettez de détruire les faibles ; vous laissez grandir outre mesure l'insolence et la brutalité de votre plus proche voisin ; vous acceptez un cadeau, et vous ne savez pas même adresser une bonne parole à celui qui vous le fait. Je regrette que vous me croyiez intéressée à la question et que vous ne voyiez pas le funeste danger d'*une* puissante Allemagne et d'*une* puissante Italie. C'est la *dynastie* qui est menacée, et c'est elle qui en subira les suites. Je le dis parce que telle est la vérité, que vous reconnaîtrez trop tard. Ne croyez pas que le malheur qui m'accable dans le désastre de ma patrie me rende injuste ou méfiante. La Vénétie cédée, il fallait secourir l'Autriche, marcher sur le Rhin, imposer vos conditions ! Laisser égorger l'Autriche, c'est plus qu'un crime, c'est une faute. Peut-être est-ce ma dernière lettre. Cependant je croirais manquer à une ancienne et sérieuse amitié si je ne disais une dernière fois *toute* la vérité. Je ne pense pas qu'elle soit écoutée, mais je veux pouvoir

me répéter un jour que j'ai tout fait pour
prévenir la ruine de ce qui m'avait inspiré
tant de foi et tant d'affection.

Cette lettre est, comme on voit, écrite pendant
la guerre de Bohême et au lendemain de la ces-
sion de la Venétie à la France.

VI.

NOTE DICTÉE PAR L'EMPEREUR A M. CONTI.

Elle met à jour le projet d'annexion de la Belgique.

Cette note, de l'écriture du chef de cabinet de
l'Empereur a été trouvée parmi les lettres et projets dictés par Napoléon à M. Conti.

(Sans date.)

Si la France se place hardiment sur le
terrain des nationalités, il importe d'établir, dès à présent, qu'il n'existe pas une
nationalité belge et de fixer ce point essentiel avec la Prusse. Le cabinet de Berlin semblant d'autre part disposé à entrer
avec la France dans les arrangements qu'il
peut convenir à la France de prendre avec
lui, il y aurait lieu de négocier un acte
secret qui engagerait les deux parties.
Sans prétendre que cet acte fût une garan-
tie parfaitement sûre, il aurait le double
avantage de compromettre la Prusse et
d'être pour elle un gage de la sincérité de
la politique ou des intentions de l'Empereur. Il convient de ne pas se dissimuler,
quand on connaît le caractère du roi de
Prusse et celui de son premier ministre,
que les derniers incidents diplomatiques,
comme les dispositions actuelles du sentiment public en France, ont dû les raffer-
mir dans la conviction que nous n'avons
pas renoncé à revendiquer la frontière du
Rhin. Pour être certain de trouver à Berlin une confiance qui est nécessaire au
maintien d'une entente intime, nous devons nous employer à dissiper les appréhensions qu'y a toujours entretenues cette
éventualité, appréhensions qui ont été ré-
veillées et même surexcitées par nos dernières communications. Ce résultat ne peut
être obtenu par des paroles, il faut un acte,
et celui qui consisterait à régler le sort
ultérieur de la Belgique de concert avec
la Prusse, en prouvant à Berlin que l'Empereur cherche décidément ailleurs que
sur le Rhin l'extension nécessaire à la
France depuis les événements dont l'Allemagne vient d'être le théâtre, nous vau-
dra du moins une certitude relative que
le Gouvernement prussien ne mettra pas
d'obstacle à notre agrandissement dans le
Nord.

VII.

DÉPÊCHE A NAPOLÉON.

(Signature autographe.)

Nous publierons par la suite la correspondance
télégraphique relative à la présente guerre. La
dépêche suivante nous montre Napoléon commandant toujours, malgré ses échecs successifs et son
ignorance militaire, en maintenant, malgré la
pression de l'opinion et malgré les avis, le général
de Failly à la tête de son corps.

A Paris, comme à Châlons, la conviction
absolue est que le général de Failly n'a
pas été à la hauteur du commandement
qui lui a été confié. Le Conseil supplie
l'Empereur de prendre une résolution nécessaire, quoique pénible.

Je vous fais savoir que le général
Wimpfen est mandé pour un commandement de corps d'armée à Paris. Vous
pourriez, si vous en aviez besoin, l'appeler
près de vous.

EUGÉNIE.

(Sans date.)

VIII.

NOTE TROUVÉE DANS UN CARNET-AGENDA
DE 1865.

La note est de la main de M. Conti, secrétaire
de l'Empereur, qui tenait registre des paroles de
Sa Majesté. Il est nécessaire de faire remarquer
que Charras n'a succombé que le 23 janvier, mais
sa mort avait été annoncée le 16 par les journaux.

17 janvier, mardi, S. Antoine.

Nouvelle de la mort du colonel Charras.
C'est un grand débarras.

IX.

NOTE SUR L'ORGANISATION DE LA PRESSE EN VUE DES ÉLECTIONS.

La pièce qu'on va lire a été rédigée par un des chefs de bureau du Ministère de l'intérieur, division de la presse. Quoiqu'elle soit un peu longue, nous la reproduisons in extenso parce qu'elle donne une idée exacte de la façon dont le Gouvernement impérial maniait le suffrage universel et préparait l'opinion à l'aide des journaux subventionnés.

15 avril 1869.

L'organisation de la presse en vue des élections générales n'a pu être commencée véritablement qu'il y a un peu plus de deux mois. Le temps était court et la tâche urgente. Le Ministre pourra s'en convaincre par les chiffres et les faits qui vont être placés sous ses yeux.

La tâche était urgente, surtout dans les départements; on n'avait, sauf dans un nombre restreint de cas, rien préparé en vue de la publicité électorale, ni dans les préfectures, ni dans le bureau spécial du Ministère, tandis que l'opposition, par un jeu contraire, poursuivait des efforts vraiment extraordinaires pour la meilleure organisation ou la création de journaux hostiles. Il fallait avant tout réorganiser le bureau de la presse départementale lui-même. Le rapport ci-joint de M. le chef du bureau de la presse départementale explique le détail des progrès accomplis. Ils se résument ainsi :

1° Transformation de la section de lecture et d'examen des journaux; introduction d'un système de lecture comparatif des journaux de l'opposition et du gouvernement par un seul et même lecteur, de façon à pouvoir suivre exactement les phases de la lutte politique par département; relevé quotidien de tous les faits électoraux, professions de foi, etc., qui peuvent intéresser le bureau spécialement chargé des élections.

Ce travail est communiqué chaque jour à M. Fleury après avoir passé sous les yeux de M. le Directeur général, et on y joint toutes les pièces nécessaires; il donne lieu en même temps à une correspondance active avec les préfets au point de vue des rectifications et des communiqués.

2° Création de toutes pièces d'une section de publicité départementale.

Un certain nombre de rédacteurs y préparent chaque jour une série de correspondances, des cadres d'articles, d'inspirations diverses, de renseignements, etc. On peut dire que, dans cette section, les résultats ont presque dépassé les espérances. Un fait obtenu récemment en donnera la portée. L'insertion et le commentaire de la Lettre à un électeur, dans plus de quatre-vingts journaux, ont été réalisés en moins de trois jours. Le Ministre est, dès à présent, en mesure de provoquer telle publication ou telle polémique qui lui conviendra et partout où il lui conviendra, dans un délai très-court et selon un ensemble déterminé de cent cinquante journaux au moins.

La réorganisation accomplie au Ministère de l'intérieur ne pouvait avoir d'efficacité que si elle était accompagnée d'une transformation correspondante dans les journaux mêmes des départements, que si on lui assurait un point de jonction et d'impulsion en même temps que des conditions de propagande suffisantes.

Cette transformation devait s'opérer par le concours des préfets. Chacun de ces fonctionnaires ayant dans son département la direction et la responsabilité des élections, le rôle du service de la presse était nettement tracé : provoquer l'attention de chaque préfet avec insistance sur la situation relative des organes du Gouvernement et de l'opposition; lui signaler les points faibles et lui demander quelles mesures lui semblaient propres à pourvoir aux lacunes; mettre à sa disposition et les hommes et les ressources nécessaires, cela dans les limites du budget.

C'est ce plan même qui est en cours d'exécution et dont on soumet en ce moment les résultats au Ministre.

Un chiffre préalablement exposé commentera avec force la absolue nécessité d'agir rapidement et vigoureusement qui s'impose à l'administration.

Depuis le 1er janvier 1869, c'est-à-dire depuis le jour où l'approche des élections a fait sentir à l'opposition la nécessité de contre-balancer l'influence des journaux attachés aux préfectures, elle a fondé dans les départements, sans compter les imprimeries spéciales au nombre de quatorze, quarante-six journaux nouveaux, tous créés en vue de la polémique, véritables armes de guerre maniées avec une grande résolution et souvent une extrême violence. En outre, elle a réorganisé la plupart de ceux qui existaient déjà.

Il est vrai que, malgré ces chiffres considérables, la supériorité numérique des feuilles dévouées n'en reste pas moins écrasante (cent quatre-vingts journaux de plus); mais c'est une supériorité de nombre plutôt que de force.

La presse gouvernementale en province compte une foule de journaux d'annonces, d'agriculture, de faits locaux, excellents en temps ordinaire dans leur rôle d'utilité négative, suffisant en somme a x besoins des populations et fermant l'accès aux journaux de parti. Mais ce ne sont pas là des auxiliaires électoraux. Les feuilles mêmes qui s'occupent de politique sont rarement militantes. Leur caractère officieux, leurs relations plus ou moins avouées avec la préfecture leur ont imposé et appris la réserve. La rédaction en est très-souvent incomplète, quelquefois même tout à fait nulle, et cette insuffisance s'accroît encore en présence de l'attitude agressive et de l'activité électorale que les candidats et les comités de l'opposition impriment à leurs feuilles soit anciennes, soit de récente formation.

Pour combler ces lacunes, on a procédé méthodiquement. Un dossier a été fait pour chaque département. Le préfet a été consulté sur toutes les questions d'ensemble et de détail; on a contrôlé ses réponses avec les renseignements fournis par les informations du bureau, les déclarations des députés et la lecture quotidienne de la presse locale.

Tous ces dossiers sont en ordre et complets, et le service est en mesure de présenter au Ministre, à toute réquisition, la situation de la presse dans chaque département.

A la suite de ces correspondances, il a été adopté quatre ordres de mesures variant d'après les circonscriptions :

1° Subventions destinées à assurer soit l'existence, soit le dévouement des journaux;

2° Subventions destinées à accroître leur publicité, c'est-à-dire à envoyer des numéros gratuits pendant la période électorale. pour contre-balancer le même système que l'opposition a adopté dans une large proportion;

3° Subventions destinées à renforcer la rédaction au moyen de l'adjonction de rédacteurs nouveaux;

4° Choix et envoi de rédacteurs, soit aux frais des candidats, soit à ceux des propriétaires des journaux.

Ce système, qui répond aux exigences de la situation signalée par les préfets, a immédiatement reçu un commencement d'application proportionnel aux ressources dont disposait le service.

Pour ménager le plus possible ces ressources, une entente a été établie avec les préfets, les propriétaires de journaux, les députés et les candidats. Grâce aux sacrifices qu'on a obtenus d'eux et à quelques légères subventions prélevées sur la réserve de 50,000 francs, on a pu assurer dans les départements la réorganisation de vingt-sept journaux et renforcer leur rédaction avec trente-trois écrivains envoyés de Paris. Un tableau ci-annexé donne le détail de ces résultats. Ce tableau a ceci de remarquable, que le Bas-Rhin (9,000 francs), la Côte-d'Or (6,000 francs) et les Bouches-du-Rhône (5,000 francs) ont absorbé à eux trois 20,000 francs sur les 34,000 francs dépensés.

Les vingt-quatre autres journaux ont donc été pourvus avec 14,000 francs seulement, plus le concours des députés et des candidats.

Mais sur d'autres points, où les exigences à satisfaire étaient plus grandes et où elles rendaient inévitable la participation de l'Administration, il reste un grand nombre de besoins en souffrance auxquels il est urgent de pourvoir. Tel est le but de la présente note. Avant d'engager les dernières réserves. on a cru devoir laisser en suspens les demandes qui arrivaient de toutes parts, pour les réunir toutes, après un examen minutieux, dans un état collectif que l'on a l'honneur de placer sous les yeux du Ministre. Cet état présente à la fois un exposé complet de la situation de la presse départementale, et, en résumant les résultats constatés, signale les besoins à satisfaire.

L'examen de ce tableau indique donc une dépense de 94 100 francs, à laquelle il faut ajouter une somme éventuelle pour

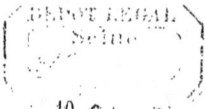

les réserves faites par certains départements et les imprévus inévitables.

Il reste donc disponible sur le premier crédit de 50 000 francs une somme de 15 920 francs. En accordant un crédit nouveau de 100 000 francs au budget de la presse départementale, il restera, pour faire face aux besoins qui se révéleront, un excédaut de 21 820 francs, chiffre qui n'offre évidemment rien d'exagéré.

Il n'existe pas, dès lors, un seul département dont la situation n'ait été l'objet d'un examen minutieux, où les propositions du préfet n'aient été provoquées, et où tout, ou du moins la portion acceptable de ces propositions, n'ait reçu satisfaction.

CORRESPONDANCES.

On ne pouvait se borner cependant à limiter l'action de l'Administration uniquement aux journaux dévoués. Il était essentiel de s'assurer une influence indirecte sur les feuilles d'opposition.

Les moyens de les atteindre se réduisent à deux : s'assurer dans une proportion pratique du concours de quelques correspondants départementaux; user de l'espèce de monopole acquis à la maison Havas pour la dépêche télégraphique, dont elle fait le service dans tous les départements et également pour les journaux de toutes les opinions.

Sur le premier point, en dehors de la correspondance Pharaon, une sorte de compromis a été conclu avec la correspondance Cahot, qui sert vingt-sept journaux, en général de la nuance du tiers-parti. M. Cahot viendra chaque jour, pendant la période électorale, prendre les indications du Ministère. Il s'est engagé à introduire dans ses envois aux journaux tout ce qui sera compatible avec leur ligne politique, sans découvrir ses relations gouvernementales.

La correspondance Havas est de tout temps en relations quotidiennes avec le Ministère. Chaque fois qu'un démenti ou une rectification, ou une nouvelle utile doit être mise en circulation à bref délai, elle la condense sous la forme télégraphique, et la répand dans toute la France. On s'est entendu avec elle pour que ce service atteigne un plus haut degré d'intensité, et remplace toutes les communications

qu'on ne jugera pas convenable de faire directement. On peut juger de l'importance capitale de ce moyen de publicité rapide par ce fait que M. Havas sert trois cent sept journaux.

Enfin, toutes les fois que cela est jugé nécessaire, notes ou correspondances trouvent place dans le journal belge le Nord. Le service néglige de mentionner les autres relations établies avec les feuilles allemandes et anglaises, leur intérêt étant pécuniaire pendant la période à traverser. Ces relations s'étendent à près de vingt journaux, dont plusieurs de premier ordre.

PRESSE PARISIENNE.

L'action de la presse locale assurée, il y avait lieu de se préoccuper sérieusement du rôle que la presse de Paris s'efforce de jouer dans les départements.

Pour bien constater les faits matériels, on a eu recours à la statistique; on a demandé aux préfets un état de tous les journaux de Paris qui pénètrent dans chaque arrondissement. Cet état, qui n'avait jamais été dressé, a révélé que, déduction faite du Journal Officiel, le chiffre des abonnés aux journaux de l'opposition dépasse de beaucoup celui des abonnés aux journaux du gouvernement.

L'opposition ne recule pas, en effet, devant des sacrifices importants, pour répandre dans les cercles, dans les petits centres, et surtout dans les cabarets, des feuilles démocratiques, particulièrement le Siècle et le National à 5 centimes. Cette propagande redoublera certainement au moment des élections. Nous savons déjà que la Tribune et l'Électeur se sont entendus avec certains comités dans ce but. Il a paru important de rétablir l'équilibre d'influence, et tout au moins de ne pas laisser la place libre à l'action des adversaires.

Le tableau dressé, en révélant le chiffre considérable d'exemplaires du Petit Journal officiel qui pénètrent dans les départements, démontre en même temps l'extrême importance qu'il y aurait à se servir de ce puissant instrument de publicité. Il a été déjà convenu avec le Ministère d'État qu'une place serait réservée dans le Petit Officiel à une sorte de compte rendu des faits électoraux. On en usera, il est vrai, avec toute la discrétion qu'exige le caractère de ce journal; mais c'est un auxiliaire qu'il n'est pas permis de négliger. On avait pensé qu'il serait possible d'y joindre, dans une certaine mesure, le *Moniteur des communes.* L'avantage qu'il a d'être placardé peut le rendre utile, et une note à ce sujet a déjà été remise au Ministre.

A côté de la publicité officielle, le plan d'action devait naturellement embrasser tous les moyens d'action sur l'opinion publique. *Le Petit Journal*, qui tire à 250,000 exemplaires, n'est pas politique, il est vrai, mais il pénètre dans les classes populaires. M. Millaud, son directeur, d'accord avec le service de la presse, a commencé à publier un certain nombre de portraits personnels des ministres, des membres principaux de la majorité, etc. Ces portraits, très-habilement faits, côtoient la politique sans l'aborder. Ce journal, prépare, en outre, la publication d'un roman militaire du premier empire, conçu dans un sens opposé aux déclamations et aux romans politiques de l'opposition dirigés contre l'armée. Ce roman doit nous être donné par le cabinet de l'Empereur. Enfin M. Millaud étudie les moyens de donner les lithographies des divers candidats à un prix des plus minimes. Nous les ferons répandre par le moyen du colportage qui est également organisé et qui vend en ce moment, sans débours pour le Ministère, la Lettre de l'Empereur au Ministre d'État, avec un tirage de près de 100,000 exemplaires.

Aucun de ces moyens de propagande populaire, non plus que toutes les publications qui pourront paraître utiles, celles sur les réunions publiques, par exemple, ne sera donc négligé; mais à ces auxiliaires il convient d'ajouter les feuilles de polémique pour soutenir la discussion quotidienne, et le choix s'est porté sur *le Peuple* et *la Patrie.*

Ces deux journaux se sont engagés à réserver chaque jour une place importante à la chronique électorale des départements. Cette chronique sera alimentée par les soins du Ministère, qui fournira les renseignements et les articles; un groupe de rédacteurs, composé dès à présent de MM. Behaghel, Vitu, et éventuellement de MM. Aurélien Scholl et Adrien Marx, seront chargés de mettre en œuvre

les éléments qui leur seront confiés. Une circulaire a été adressée à cet égard aux préfets pour réclamer d'eux l'envoi régulier de ces informations. La rédaction se trouve ainsi constituée à Paris.

Restaient les voies et les moyens de publicité.

Une autre circulaire a été également adressée aux préfets pour préparer l'envoi des exemplaires gratuits des journaux de Paris; sur la demande qui leur a été faite, ils ont dressé pour chaque arrondissement la liste des personnes ou des établissements auxquels ces distributions leur ont paru pouvoir être utilement envoyées. Par ce système, les exemplaires partiront directement des bureaux de chaque journal, et le ministère ni la préfecture n'apparaîtront auprès du public.

C'est là exactement le procédé de l'opposition, et il a l'avantage de dégager le gouvernement.

La plupart de ces listes sont déjà parvenues, et l'on a commencé à en faire usage dans les départements de Seine-et-Oise et Seine-et-Marne.

Quel est maintenant le chiffre des journaux qui devront être expédiés par cette voie ? Le journal *le Peuple*, dont le bon marché facilite l'achat, offre d'envoyer du 1er mai au 1er juin 18,000 exemplaires par jour, aux adresses indiquées, moyennant 60,000 francs.

La Patrie, avec laquelle il n'est pas nécessaire de faire un autre accord qu'un accord politique, enverra le nombre d'exemplaires qu'on lui demandera, sous une forme intermittente et suivant les besoins de la polémique, moyennant 125 francs le mille. La différence de prix avec *le Peuple* est considérable, et c'est pour cette raison qu'on a principalement traité avec le premier journal.

Il est difficile de chiffrer cette seconde dépense.

Il est plus difficile encore de prévoir le détail de celles qui seront imposées pour la presse parisienne au fur et à mesure que la lutte électorale va se développer. Mais l'ensemble de toutes ces dépenses qui comporteront les indemnités aux rédacteurs indiqués plus haut, outre les frais, l'utilité de certaines publications ou mêmes certaines réimpressions, comme il s'en présente tous les jours, ne nécessitera pas une dépense de moins de 40,000 francs.

C'est donc une seconde somme de 100,000 francs qui, avec la plus stricte modération dans les évaluations, paraît indispensable pour le concours à donner par la presse parisienne dans la lutte électorale sous toutes ses formes.

Ce chiffre total de 200,000 francs pourra paraître considérable; mais il est bien inférieur, en réalité, aux sacrifices que la passion politique et les ambitions personnelles déterminent en ce moment de la part des candidatures et des comités hostiles. La publicité joue dès à présent et jouera un rôle si important dans les prochaines élections générales, que déjà les imprimeries de Paris peuvent à peine suffire aux travaux qui leur sont commandés. Le parti conservateur montre en face de cette activité hostile son indolence ordinaire. Il s'en remet au gouvernement du soin de le défendre. L'action toujours si difficile sur la presse parisienne, action qui s'appuie avant tout sur les bons rapports, a besoin d'une sanction, et cette sanction, c'est la certitude que le gouvernement est disposé à faire des sacrifices en faveur de ceux qui le servent. L'idée d'un concours matériel ajoute beaucoup, par le temps qui court, à l'influence morale, et bien des défections et des désertions peuvent être évitées en donnant satisfactions à quelques intérêts ou à quelques besoins personnels.

Si cette dernière assertion avait besoin de confirmation, on en trouverait la preuve dans l'accord même qui a été conclu avec *le Figaro*. Cet accord, dont le Ministre lui-même a suivi et dirigé toutes les phases, promet de donner des résultats utiles. Il a été, comme le sait Son Excellence, une des préoccupations importantes du service, et l'attitude des écrivains qui dirigent ce journal est telle, qu'il était à peine permis de l'espérer.

Avec *la France, le Peuple, la Patrie, le Messager de Paris, le Constitutionnel, le Public, le Pays* et *le Dix-Décembre*, le gouvernement se présente aux élections à la tête d'un grand nombre d'organes, divers par l'esprit qui les anime et par l'influence qu'ils exercent, mais tous attachés fermement aux principes dynastiques. Des relations quotidiennes sont entretenues avec eux; chaque jour huit ou dix rédacteurs viennent prendre des instructions au Ministère, et pendant la période électorale le service se déclare en mesure de faire publier chaque jour à Paris, aussi bien que dans les départements, tout ce qui pourra convenir au Ministre. Les instruments sont prêts; ils obéiront sans peine à une impulsion supérieure.

MINISTÈRE DE L'INTÉRIEUR.

ÉTAT de la situation de la Presse départementale et des crédits demandés.

DÉPARTEMENTS.	OBSERVATIONS.	CRÉDITS DEMANDÉS.
Ain................	Le préfet se déclare satisfait.	
Aisne.............	Situation délicate, mais le préfet pense qu'il n'y a rien à faire.	
Allier.............	S'assurer le concours de *l'Hebdomadaire* (M. Denières); répandre les feuilles de Moulins dans la circonscription......................	1.000
Alpes (Basses-)......	La campagne électorale est faite par *le Peuple*.	
Alpes (Hautes-).....	Le préfet se déclare satisfait.	
Alpes-Maritimes.....	*Idem.* M. Masséna a créé un journal.	
Ardèche...........	Le préfet demande un rédacteur et 2,500 francs en dehors pour distribution; il n'a pas encore répondu aux dernières observations du 4 avril; lettre de rappel.......................	3.500
Ardennes..........	Le préfet se déclare satisfait.	
Ariége............	1º Un rédacteur; 2º changement de périodicité d'un journal; le préfet n'a pas encore répondu; la somme à prévoir est de....................	1.500
Aube.............	Rien. Des subventions ont déjà été données pour la création d'un journal.	
Aude.............	Augmentation de périodicité; distribution; le préfet demande	1.000
Aveyron...........	Le préfet se déclare satisfait.	
Bouches-du-Rhône...	Organisation spéciale de journaux.............	15.000
Calvados..........	Distribution gratuite de journaux.............	1.000
Cantal............	Le préfet se déclare satisfait.	
Charente..........	*Idem.*	
Charente-Inférieure..	Distributions gratuites......................	1.000
Cher.............	Le préfet se déclare satisfait.	
Corrèze...........	Le préfet ne demande rien. M. Mathieu, député, fait des réserves; il demande une subvention pour distribution ou un rédacteur................	1.000
Corse............	Le préfet se déclare satisfait.	
Côte-d'Or..........	Le préfet demande pour *le Châtillonnais* (distributions)	1.500
	Le député prête son concours financier, et le journal est incertain; il importe de se l'assurer; il y a des éventualités réservées pour ce département.	
Côtes-du-Nord......	Le rédacteur envoyé; rien pour le moment; réserves possibles.	
Creuse............	Le préfet est satisfait.	
Dordogne..........	*Idem.*	
Doubs.............	M. de Marmier donne son concours à une subvention de 1,000 francs pour distributions gratuites; la subvention est donnée.	
Drôme	Rien. Les députés assurent la situation.	
	A reporter......	26.500

DÉPARTEMENTS.	OBSERVATIONS.	CRÉDITS DEMANDÉS.
	Report......	26.500
Eure.............	Rien. Les rédacteurs ont été choisis.	
Eure-et-Loir........	La situation est assurée.	
Finistère	Le préfet n'a pas encore répondu aux observations, mais il y a lieu de prévoir une subvention considérable; la presse est complétement désorganisée	10.000
Gard.............	Le préfet est satisfait de son nouveau rédacteur.	
Garonne (Haute-)....	Distributions gratuites. (Lutte très-vive)	2.500
Gers.............	Distribution des feuilles locales	1.000
Gironde...........	Subvention au *Journal de Bordeaux* (Demandé par le préfet)................................	4.000
Hérault...........	Le préfet demande 500 francs pour un rédacteur économique...................................	500
Ille-et-Vilaine.......	Le préfet est satisfait.	
Indre	*Idem.*	
Indre-et-Loire.... ..	Le préfet est satisfait.	
Isère.............	Demande verbale pour distributions.............	1.200
Jura	Une subvention a assuré la réorganisation.	
Landes............	Le préfet est satisfait.	
Loir-et-Cher........	Réserves à faire.	
Loire.............	Le préfet demande pour distributions gratuites ...	2.000
Loire (Haute-).......	Le préfet demande pour distributions gratuites et pour rédacteurs................................	2.000
	Le concours des députés est en dehors de cette subvention.	
Loire-Inférieure.....	Le préfet est satisfait.	
Loiret............	Demande du préfet pour distribution.............	1.500
Lot..............	Rédacteur; distributions gratuites et s'assurer le concours d'un journal douteux................	4.000
Lot-et-Garonne......	Le préfet est satisfait.	
Lozère	*Idem.*	
Maine-et-Loire......	*Idem.*	
Manche...........	La situation est délicate, mais le préfet ne veut rien faire.	
Marne............	*Idem.*	
Marne (Haute-)......	Subvention au *Journal de Langres*.............	1.500
Mayenne	Attitude incertaine du journal; le rédacteur demande 6,000 francs; le préfet ne veut lui en donner que	2.500
Meurthe...........	Création d'un journal; concours des particuliers; l'affaire est latente, mais on peut compter sur...	2.500
Meuse.............	Le préfet est satisfait.	
Morbihan...........	*Idem.*	
Moselle...........	Le préfet fait ses réserves pour fortifier la presse locale ou demander des feuilles de Paris.	
Nièvre	Le concours des députés a assuré la bonne organisation.	
Nord.............	Le préfet ne demande plus rien.	
Oise	Le préfet trouve la situation suffisante.	
Orne.............	Quoique la situation soit médiocre, le préfet mande qu'il n'y a rien à faire.	
Pas-de-Calais.......	Contribution au payement d'un rédacteur à Boulogne....................................	700
Puy-de-Dôme	Le préfet demande pour l'organisation de la presse dans l'arrondissement de Thiers..............	500
	A reporter......	62.900

DÉPARTEMENTS.	OBSERVATIONS.	CRÉDITS DEMANDÉS.
	Report....................	62.900
Pyrénées (Basses-)...	Rien. On a agi près de M. O'Quin.	
Pyrénées (Hautes-)...	Le préfet est satisfait.	
Pyrénées-Orientales..	*Idem.*	
Rhin (Bas-).........	Payement de la subvention supplémentaire de 30,000 francs (complément).	15.000
Rhin (Haut-)........	Le préfet n'est pas assuré; subvention à prévoir.	
Rhône	Le préfet ne demande rien.	
Saône (Haute-)......	Le préfet est satisfait.	
Saône-et-Loire	Rédaction et distributions; les feuilles gouvernementales sont très-médiocres, et la presse d'opposition est forte.......................	5.000
Sarthe.............	Le préfet ne demande rien.	
Savoie.............	*Idem*	
Savoie (Haute-)......	*Idem*	
Seine	»	
Seine-Inférieure....	Demande du préfet.........................	3.000
Seine-et-Marne......	Rien. Envoi du *Peuple* effectué.	
Seine-et-Oise.......	Concours des députés; envoi du *Peuple*.	
Sèvres (Deux-)	Le préfet est satisfait.	
Somme.............	La situation est assurée.	
Tarn..............	Rédacteur pour le *Journal du Tarn*	1.000
Tarn-et-Garonne.....	Renforcer la rédaction......................	1.000
Var	Le préfet est satisfait.	
Vaucluse	Pour *le Méridional* (distributions)...............	1.200
Vendée.............	Complément du traitement du rédacteur.	1.000
Vienne.............	Le préfet est satisfait.	
Vienne (Haute-).....	Réserves à faire. *Courrier du Centre*.............	1.500
Vosges.............	Le préfet est satisfait.	
Yonne.............	Pour le journal de Joigny......................	1.000
Ministère	....	1.500
	TOTAL GÉNÉRAL.............	94.100

Crédit demandé : 100,000 francs.

Vu et approuvé :

Le Ministre de l'Intérieur.

MINISTÈRE DE L'INTERIEUR

Liste des rédacteurs envoyés par le Ministre.

DÉPARTEMENTS.	NOMS DES RÉDACTEURS.	DÉPARTEMENTS.	NOMS DES RÉDACTEURS.
Ain.	M. de Courmaceuil.	Loiret.	
Aisne.		Lot.	
Allier.		Lot-et-Garonne.	M. Desolmes.
Alpes (Basses-).		Lozère.	
Alpes (Hautes-).		Maine-et-Loire.	
Alpes-Maritimes.	M. Dupeuty.	Manche.	
Ardèche.		Marne.	M. de Malarec.
Ardennes.		Marne (Haute-).	
Ariége.		Mayenne.	
Aube.	M. Pellerin.	Meurthe.	M. Rigaud.
Aude.		Meuse.	
Aveyron.		Morbihan.	
Bouches-du-Rhône.	MM. Pelvey et Bosc.	Moselle.	
Calvados.		Nièvre.	M. d'Audigier.
Cantal.		Nord.	M. Ribeyre à Douai.
Charente.			— M*** à Cambray.
Charente Inférieure	M. Doublat.	Oise.	
Cher.		Orne.	
Corrèze.		Pas-de-Calais.	M. Grasset.
Corse.		Puy-de-Dôme.	M. Duchemin.
Côte-d'Or.	M. Cormont.	Pyrénées (Basses-).	
Côtes-du-Nord.	M. Bourgogne.	Pyrénées Hautes-).	
Creuse.		Pyrénées Orientales	
Dordogne.		Rhin (Bas-).	
Doubs.	Un correspondant.	Rhin (Haut-).	??
Drôme.	M. Delero.	Rhône.	
Eure.	Deux rédacteurs.	Saône (Haute-).	
Eure-et-Loir.	M. Maussart.	Saône-et-Loire.	M. de Rodays.
Finistère.		Sarthe.	M. Chauvet.
Gard.	M. Valleton.	Savoie.	
Garonne (Haute-).		Savoie (Haute-).	
Gers.	M. P. de Léoni. — M. de Montferrand.	Seine.	
		Seine-Inférieure.	
Gironde.		Seine-et-Marne.	Un correspondant.
Hérault.	M. Dhormoys.	Seine-et-Oise.	
Ille-et-Vilaine.		Sèvres (Deux-).	
Indre.		Somme.	
Indre-et-Loire.		Tarn.	
Isère.	M. Hardy. — M. Debillemont.	Tarn-et-Garonne.	
		Var.	
Jura.	M. Gravot.	Vaucluse.	
Landes.		Vendée.	M. Fraissinaud.
Loir-et-Cher.		Vienne.	
Loire.		Vienne (Haute-).	M. Laharanne.
Loire (Haute-).	M. Sten.—M. Ludow-Vigé.	Vosges.	
		Yonne.	
Loire Inférieure.			

MINISTÈRE DE L'INTÉRIEUR.

ÉTAT ACTUEL DU CRÉDIT ALLOUÉ :
50,000 FRANCS.

PRESSE DÉPARTEMENTALE.

SUBVENTIONS.

	francs.
Courrier du Gers..	2.600
Journal de Saône-et-Loire..	1.000
Journal de Montbéliard..	500
La Côte-d'Or.	6.000
Courrier populaire de Lille.	1.200
Phare de Marseille..	5.000
Gers (frais de voyage d'un rédacteur).	200
Aube (service de la presse).	5.000
Journal de la Corse..	600
Journal de Seine-et-Oise.	480
Doubs (service de la presse) (500 francs par mois, du 1er février au 1er juillet)..	2.500
Bas-Rhin (service de la presse).	9.000
	34.080
Réserve accordée par son Excellence..	50.000
Total des sommes allouées sur cette réserve.. . . .	34.080
Somme disponible.	15.920

X.
AFFAIRE SANDON.

LETTRE DE M. DE PERSIGNY A M. CONTI (1)

Mon cher Conti,

Voici une affaire grave qu'il importe d'é-touffer. La conduite de M. Billault a été inouïe. L'homme qui a été victime à ce point est sur le point de se laisser entraîner dans les mains des partis. Nous pouvons avoir un scandale affreux. Il paraît qu'avec une vingtaine ou trente mille francs, que M. Conneau se chargerait de prendre sur les fonds, on pourrait tout arranger.

Il y a d'ailleurs là une iniquité épouvantable : il importe de la réparer.

Mille compliments.

PERSIGNY.

Paris, 29 mars 1866.

(1) On se rappelle le scandale causé par l'affaire de M. Sandon. La lettre de cachet était remise en usage, et l'on faisait des maisons d'aliénés autant de bastilles.

XI.
LETTRE DE M. SANDON.

Monsieur,

Le docteur Conneau m'a fait connaître hier la réponse de l'Empereur.

Voici les faits :

1° Un ministre *responsable devant l'Empereur* seul me fait arrêter dix-sept fois, et mettre à Charenton pendant vingt mois.

2° Un sénateur *irresponsable* me diffame odieusement, illégalement, et tue ma mère.

3° Un ministre de l'intérieur *irresponsable* adresse aux journaux des communiqués diffamatoires.

L'empereur a dit au docteur Conneau qu'il y avait des juges, que je pouvais plaider. C'est une erreur.

En déchargeant chacun de responsabilité, l'Empereur l'a assumée tout entière. C'est lui qui me doit justice. Il m'a pris ma mère, ma fortune, mon honneur : il ne me reste que ma vie, et dans ces conditions je puis en faire le sacrifice.

L'Empereur me doit justice; il doit savoir que, quand une illégalité étouffe, on en sort pour entrer dans le droit.

Je désire et espère être entendu. On n'accule pas, on ne désespère pas un homme ainsi.

Je désire vous voir, et daignez me croire votre très-humble et respectueux serviteur.

Léon SANDON, avocat.

Rue des Moulins, nº 26, hôtel de la Côte-d'Or.

Paris, vendredi.

———

XII.

DÉPÊCHES DES DERNIERS JOURS
DE L'EMPIRE.

—

Les dépêches du maréchal Bazaine établissent qu'à l'heure où M. de Palikao faisait au Corps législatif des communications rassurantes, il en recevait au contraire d'attristantes. Ces dépêches montrent en outre que Napoléon, malgré les déclarations du Ministre de la guerre, commandait toujours.

THÉATRE DE LA GUERRE.

L'Impératrice à la princesse Mathilde, à Saint-Gratien.

7 août, 12 h. 35.

J'ai de mauvaises nouvelles de l'Empereur. L'armée est en retraite. Je rentre à Paris, où je convoque le Conseil des ministres.

EUGÉNIE.

A S. M. l'Empereur, au camp de Châlons.

Camp de Fort-Plappeville, 18 août 1870,
8 h. 20 du soir.

J'ignore l'importance de l'approvisionnement de Verdun. Je crois qu'il est né-

3

cessaire de n'y laisser que ce dont a besoin la place.

J'arrive du plateau. L'attaque a été très-vive. En ce moment 7 heures, le feu cesse. Nos troupes constamment restées sur leurs positions. Un régiment, le 60e, a beaucoup souffert en défendant la ferme de Saint-Hubert.

Maréchal BAZAINE.

Le Maréchal Mac-Mahon au Ministre de la guerre.

Camp de Châlons, 20 août 1870,
8 h. 45 m.

Les renseignements parvenus semblent indiquer que les trois armées ennemies sont placées de manière à intercepter à Bazaine les routes de Briey, de Verdun et de Saint-Mihiel. Ne sachant la direction de la retraite de Bazaine, bien que je sois dès demain prêt à marcher, je pense que je vais rester au camp jusqu'à connaissance de la direction prise par Bazaine, soit au nord, soit au sud.

Maréchal DE MAC-MAHON.

Ministre de la guerre au Maréchal Mac-Mahon, au camp de Châlons.

De Paris au camp de Châlons, le 20 août 1870,
3 h. 40 du soir.

J'ai reçu votre dépêche de 8 heures 45 minutes; le seul renseignement que je puisse vous donner est le suivant : le 18 au soir, Bazaine occupait comme position la ligne de Amanvillers à Sussy.

Ministre de la guerre au maréchal Mac-Mahon, au camp de Châlons.

De Paris au quartier impérial, le 21 août 1870,
à 10 h. 45 du soir.

M. de Bouville télégraphie de Vienne, le 20 : « On mande par une voie sûre, du quartier général du prince royal de Prusse : « Le choléra et le typhus font de nom- « breuses victimes. Il sera impossible de « donner des soins aux malades et aux « blessés. On ne sait ce qui arrivera si la « guerre se prolonge. »

3

Ministre de la guerre à Sa Majesté l'Empereur, au camp de Châlons (1).

Quartier impérial de Paris, le 21 août 1870,
à 10 heures.

Il y a deux partis à prendre : ou dégager promptement Bazaine, dont la position est des plus critiques, en se portant en toute hâte sur Montmédy ; ou marcher contre le prince royal de Prusse, dont l'armée est nombreuse et qui a la mission d'entrer dans Paris, où il serait proclamé empereur d'Allemagne. Dans ce dernier cas, je puis envoyer le 13e corps d'armée, général Vinoy, 27,000 hommes, occuper la Ferté-sous-Jouarre, où il serait le pivot d'un mouvement tournant de l'armée de Mac-Mahon, qui marcherait vigoureusement sur le flanc de l'armée prussienne, soit qu'elle prenne la route de Vitry, Champaubert et Montmirail, soit qu'elle se dirige par Wassy, Montiérender et Brienne.

Les Inspecteurs délégués de l'état-major à Colonel d'état-major Stoffel, attaché près de Son Exc. le Maréchal Mac-Mahon, à Reims.

Longwy, 22 août, 4 h. 50 m.

Inspecteurs délégués font connaître que le maréchal Bazaine adresse à S. Exc. le maréchal Mac-Mahon : « J'ai dû prendre position près de Metz pour donner du repos aux soldats et les ravitailler en vivres et munitions. L'ennemi grossit toujours autour de moi, et je suivrai probablement pour vous joindre la ligne du nord, et vous préviendrai si marche peut être entreprise sans compromettre l'armée. »

Général commandant supérieur de Verdun à l'Empereur, au camp de Châlons et au ministre de la guerre à Paris.

Verdun, 22 août, 8 h. 5 m. du matin.

Enfin nous avons nouvelles du maréchal Bazaine par gardes forestiers qui apportent dépêche suivante :

(1) A l'heure où il annonçait à la tribune que Napoléon ne commandait plus, M. de Palikao lui expédiait cette dépêche.

Ban Saint-Martin, le 19 août 1870.

Le Maréchal Bazaine à S. M. l'Empereur, au camp de Châlons.

L'armée s'est battue hier toute la journée sur les positions de Saint-Privat et de Rozereuilles et les a conservées. Les 4e et 6e corps seulement ont fait, vers 9 heures du soir, un changement de front, l'aile droite en arrière, pour parer à un mouvement tournant par la droite que les masses ennemies tentaient d'opérer à l'aide de l'obscurité. Ce matin, j'ai fait descendre de leurs positions les 2e et 3e corps, et l'armée est de nouveau groupée sur la rive gauche de la Moselle, de Longueville au Sansonnet, formant une ligne courbe passant par le haut du Ban Saint-Martin, derrière les forts de Saint-Quentin et Plappeville. Les troupes sont fatiguées de ces combats incessants, qui ne leur permettent pas les soins matériels, et il est indispensable de les laisser reposer deux ou trois jours. Le roi de Prusse était ce matin avec M. de Moltke à Rezonville, et tout indique que l'armée prussienne va tâter de la place de Metz. Je compte toujours prendre la direction du nord et me rabattre ensuite par Montmédy sur la route de Sainte-Menehould et Châlons, si elle n'est pas fortement occupée. Dans ce cas, je continuerai sur Sedan et même Mézières pour gagner Châlons. Il y a dans la place de Metz, 700 prisonniers qui deviendraient un embarras pour la place en cas de siège ; je vais proposer un échange à général de Moltke pour pareil nombre d'officiers et de soldats français.

(Donner à Mac-Mahon.)

Le Ministre de la guerre à l'Empereur, à Reims.

Paris, 22 août, 4 h. 5 m. du soir.

Le sentiment unanime du Conseil, en présence des nouvelles du maréchal Bazaine, est plus énergique que jamais. Les résolutions prises hier soir devraient être abandonnées. Ni décret, ni lettre, ni proclamation ne devraient être publiés (1). Un

(1) De quels décrets s'agit-il ? Qu'annonçait à la France cette proclamation avortée ? On verra plus loin que M. Rouher était allé chercher au quartier

aide de camp du Ministre de la guerre part pour Reims avec toutes les instructions nécessaires.

Ne pas secourir Bazaine aurait à Paris les plus déplorables conséquences. En présence de ce désastre, il faudrait craindre que la capitale ne se défende pas.

Votre dépêche à l'Impératrice nous donne la conviction que notre opinion est partagée.

Paris sera à même de se défendre contre l'armée du prince royal de Prusse. Les travaux sont poussés très-promptement; une armée nouvelle se forme à Paris. Nous attendons une réponse par le télégraphe.

L'Empereur au Ministre de la guerre.

Courcelles, le 22 août, 4 h.

Reçu votre dépêche. Nous partons demain pour Montmédy. Pour tromper l'ennemi, faire mettre dans le journal que nous partons avec 150,000 hommes pour Saint-Dizier. J'accepte Wimpfen à la place de de Failly. Maissiat ne peut pas continuer; vous nommerez Lacretelle à sa place. Supprimerez les décrets que vous a portés Rouher, mais exécutez les conclusions pour l'appel des anciens soldats.

Maréchal Bazaine à l'Empereur.

Ban Saint-Martin, 20 août 1870.

Mes troupes occupent toujours les mêmes positions. L'ennemi paraît établir des batteries qui doivent lui servir à appuyer son investissement; il reçoit constamment des renforts. Le général Marguerite a été tué le 16. On les croyait disparus. Nous avons dans la ville de Metz au delà de 16,000 blessés.

Pour copie conforme :

Le 21 août 1870.

Commandant place Thionville.

impérial de Courcelles, près de Reims, des décrets qu'il a emportés et qui n'ont point paru.

Post-scriptum. Ces décrets et la proclamation dont il est ici question ont été trouvés aujourd'hui même, 22 septembre, dans le cabinet de M. Rouher, au Luxembourg. Ces pièces prendront place dans une de nos prochaines livraisons.

Maréchal Bazaine pour Ministre Guerre, Paris.

22 août, 1 h. 7 m.

(Sans date de la transmission de Mézières).

Nous sommes sous Metz, nous ravitaillant en vivres et en munitions. L'ennemi grossit toujours et paraît commencer à nous investir. J'écris à l'Empereur, qui vous donnera communication de ma dépêche. J'ai reçu la dépêche de Mac-Mahon, auquel j'ai répondu ce que je crois pouvoir faire dans quelques jours.

Maréchal Mac-Mahon au Ministre de la guerre, Paris.

Courcelles, 22 août 1870, 11 h. 30 m.

Le maréchal Bazaine a écrit du 19 qu'il comptait toujours opérer son mouvement de retraite par Montmédy.

Par suite, je vais prendre des dispositions.

Maréchal MAC-MAHON.

Maréchal Mac-Mahon au général commandant à Verdun; au commandant supérieur de Montmédy; au maire de Longuyon.

Envoyez au maréchal Bazaine la dépêche ci-après, très-importante. Faites-la-lui parvenir par cinq ou six émissaires différents, auxquels vous remettrez les sommes, quelles qu'elles soient, qui leur seraient nécessaires pour accomplir leur mission.

Maréchal MAC-MAHON.

Mac-Mahon à Bazaine.

Reçu votre dépêche du 19. Suis à Reims ; me porte dans la direction de Montmédy. Serai après-demain sur l'Aisne, d'où j'agirai selon les circonstances pour vous venir en aide. Traitez marché de vos nouvelles.

Ministre de guerre à Maréchal Mac-Mahon.

Bétheniville, par Reims.

Les deux batteries fournies par l'artillerie de marine appartiennent à la 1re division du 12e corps.

Ministre de guerre à l'Empereur.

De Paris à Courcelles, le 23 août 1870,
à 4 h. 20 m. du soir.

Wimpfen est prévenu. Lacretelle est nommé. Les décrets donnés à Rouher sont supprimés. Je demande de nouveau des cadres pour l'infanterie et la cavalerie. 4es régiments à 6 compagnies. Nous avons déjà 26 régiments de marche.

Empereur à S. Exc. le ministre de la guerre, Paris.

Courcelles, le 23 août 1870, 8 h. 15 m.

Il est bien essentiel de diriger sur Reims, qui doit être diversion, tête de ligne de chemin de fer, une force assez respectable pour que des coureurs ennemis ne viennent pas interrompre nos communications.

NAPOLÉON.

Maréchal Mac-Mahon au ministre de la guerre.

Quartier général à Rethel, 24 août,
9 h. 45 soir.

Je crains de rencontrer encore dans les Ardennes grandes difficultés pour nourrir l'armée par le pays, difficultés qui seront insurmontables si nous parvenions à joindre Bazaine. Je demande donc à ce qu'il soit dirigé sur Mézières des convois considérables de biscuit, soit près de deux millions de rations.

Maréchal MAC-MAHON.

—

EXTRAIT DES DÉPÊCHES DU 4 SEPTEMBRE 1870.

(Jour de la République.)

—

A M. Conti, chef cabinet de l'Empereur, 184, rue Rivoli, Paris.

De Libramont, 1 h. 45, le 4 septembre 1870.

Préfet police est-il aux Tuileries de sa personne?

Réponse.

Il n'est pas aux Tuileries. Ne transmettez pas cette dépêche.
Il y a un monsieur dans le cabinet à côté.

—

Alors ne remettez rien. Le nouveau directeur général envoie quelqu'un dans une demi-heure.

2 h. 30.

Recevez-vous les dépêches pour l'Impératrice?

Réponse.

Non.

—

Le palais est donc envahi?

Réponse.

Non.

—

Alors je vous donne quand même la dépêche de Madrid.

(Suit une dépêche de la comtesse Montijo à sa fille).

DERNIÈRE DÉPÊCHE EXPÉDIÉE DES TUILERIES DANS LA JOURNÉE DU 4.

Paris, 2 h 50 m.

DUPERRÉ,
à Maubeuge.

Filons sur Belgique.

FILON.

(Cette dépêche est signée de M. Filon, précepteur du prince, qui transmettait la plupart des dépêches de l'Impératrice.)

————

XIII.

CASSETTE PARTICULIÈRE.

Juin 1867, n° 14.

Reçu de M. Thélin la somme de trois cent cinquante francs pour déjeuner du prince royal de Prusse à Compiègne et faux frais divers.

Les Tuileries, le 14 juin.

Le Général aide de camp de l'Empereur,

Cte REILLE.

350 francs.

XIV.

CASSETTE PARTICULIÈRE DE L'EMPEREUR

Palais des Tuileries, le   janvier 1867, n° 20.

Reçu de M. Thélin la somme de dix mille francs pour solde des trente mille francs alloués par l'Empereur pour l'ameublement de M. le baron Jérôme David.

31 décembre 1866.

WILLIAMSON,

Administrateur du mobilier de la Couronne.

F. 10,000.

XV.

CAMPAGNE DE 1870.

Napoléon s'inquiétait surtout, en entrant en campagne, des soins matériels à donner à sa maison particulière et à sa table. Les instructions qui suivent appartiennent à l'histoire.

MAISON DE L'EMPEREUR.

SERVICE DU GRAND MARÉCHAL.

Note sur le service de MM. les aides de camp et officiers d'ordonnance auprès de l'Empereur en campagne.

MM. les aides de camp et officiers d'ordonnance feront le service par jour et par ancienneté.

Il y aura chaque jour un aide de camp et un officier d'ordonnance de service.

Il y aura toujours deux tables, soit au bivouac, soit pendant les séjours, afin de laisser à l'Empereur la faculté de faire des invitations en plus ou moins grand nombre.

A la table de l'Empereur mangeraient l'aide de camp de service et le premier écuyer (si l'Empereur l'ordonne ainsi).

La seconde table sera présidée par l'adjudant général et sera composée de MM. les aides de camp, des officiers d'ordonnance, des écuyers, des officiers attachés aux aides de camp de l'Empereur et, s'il y a lieu, des secrétaires du cabinet.

Pour simplifier ce rouage très-compliqué à première vue, toutes les cantines de la bouche, qui doivent former un total de 20 à 24, devront être divisées en deux parties égales, représentant chacune un service : celui de l'Empereur ; celui de l'adjudant général, chacun avec maître d'hôtel, cuisiniers et aides embrigadés.

Le service des valets de chambre de l'Empereur bivouaquera ou campera sous des tentes-abris portées par les fourgons mêmes de Sa Majesté.

Les valets de chambre de l'Empereur, les maîtres d'hôtel et le piqueur seront seuls nourris par la bouche de Sa Majesté.

Les valets de chambre de MM. les aides de camp et officiers d'ordonnance toucheront les vivres de campagne, et s'arrangeront entre eux pour s'installer une cuisine indépendante du service de la bouche.

Ils feront à tour de rôle le service de la table de leurs maîtres; à cet effet le maréchal des logis en tiendra un contrôle.

Les cavaliers de remonte se grouperont aussi et vivront comme les soldats avec leurs vivres de campagne. Il leur sera donné pour tous un mulet, qui portera leurs ustensiles de cuisine. Les cavaliers de remonte seront sous le commandement d'un maréchal des logis et d'un brigadier, qui sera responsable de la discipline.

Les bagages de l'Empereur seront escortés par un brigadier et six gendarmes de l'escadron de la Garde. Ces bagages ou fourgons seront toujours sous le commandement d'un courrier de l'Empereur.

Palais de Saint-Cloud, le 18 juillet 1870.

L'ADJUDANT GÉNÉRAL DU PALAIS.

MAISON DE L'EMPEREUR

SERVICE DU GRAND MARÉCHAL.

Note sur l'organisation des équipages de MM. les aides de camp et officiers d'ordonnance de l'Empereur, et sur leur tenue de campagne.

Il sera alloué, à titre d'indemnité d'entrée en campagne, à MM. les aides de camp désignés pour accompagner l'Empereur, 20,000 francs, et à MM. les officiers d'ordonnance, 15,000 francs.

Les premiers devront avoir quatre chevaux de selle à leur rang, et les derniers trois. Ces messieurs devront se les procurer dans le plus bref délai possible. L'état signalétique de ces chevaux devra être envoyé, par ordre de l'Empereur, à l'adjudant général du Palais, qui les fera inscrire sur un contrôle spécial tenu dans ses bureaux.

Il sera accordé facultativement à MM. les aides de camp deux cavaliers de remonte non montés pour conduire et panser leurs chevaux, et un cavalier à chaque officier d'ordonnance.

Ces messieurs pourront emmener chacun un valet de chambre.

Chaque aide de camp ou officier d'ordonnance devra avoir deux harnachements complets, afin de pouvoir changer instantanément de monture.

MM. les aides de camp et officiers d'ordonnance porteront pour la campagne la tunique sans broderie, le chapeau et le pantalon écarlate avec houzioux, ou pantalon à tige, à volonté.

Il sera fourni, par ordre de l'adjudant général, à chacun de ces messieurs, une paire de cantines avec ferrures, afin que ces cantines puissent être indistinctement chargées soit dans les fourgons, soit à dos de mulet, ainsi que le lit-cantine qui en fait partie intégrante. Un certain nombre de fourgons et des brigades de mulets seront désignés à cet effet par ordre du premier écuyer. Des tentes, à raison d'une par deux aides de camp et d'une pour quatre officiers d'ordonnance, seront chargées sur des fourgons pour servir en cas de besoin.

Les cavaliers de remonte et les valets de chambre devront être munis de petites tentes-abris à l'instar de celles de la troupe.

En dehors du strict bagage contenu dans les cantines, il sera porté par les fourgons du gros bagage du Quartier impérial une cantine en plus des deux dont il a été parlé pour chacun de ces messieurs, avec étiquette nominative, pour contenir les effets de rechange, etc.; ces cantines ne rejoindront ces messieurs que pendant les séjours prolongés dans les villes ou dans les cantonnements, les fourgons des gros bagages marchant avec l'arrière-garde.

MM. les aides de camp et officiers d'ordonnance devront se munir, pour leurs chevaux, de moyens d'attache, soit cordes, soit entraves, suivant ce qui leur paraîtra le plus convenable. Ces objets devront naturellement être portés par leurs chevaux de main, comme leurs ustensiles de sellerie et d'écurie.

Palais de Saint-Cloud, le 18 juillet 1870.

L'ADJUDANT GÉNÉRAL DU PALAIS.

XVI.

PROJETS DE PROCLAMATIONS ET DÉCRET.

Les pièces suivantes ont été trouvées dans les papiers de M. Rouher. On sait que l'ex-président du Sénat s'était rendu à Reims auprès de Napoléon. Là furent rédigés les projets de décret et de proclamations que nous publions. Au dernier moment on abandonna ce plan pour marcher sur les Ardennes et finir, en laissant la capitale sans armée de secours, par le désastre de Sedan.

À l'heure où Napoléon signait le décret qui suit, le ministère déclarait hautement que l'Empereur ne commandait plus.

Décret nommant le maréchal Mac-Mahon général en chef de l'armée de Châlons.

(L'original est de la main de M. Rouher, la signature est de Napoléon.)

Napoléon, par la grâce de Dieu et la volonté nationale, Empereur des Français,
À tous présents et à venir, salut;
Avons décrété et décrétons ce qui suit :

ARTICLE PREMIER.

Le maréchal Mac-Mahon, duc de Magenta, est nommé général en chef de toutes les forces militaires composant l'armée de Châlons et de toutes celles qui sont ou seront réunies sous les murs de Paris ou dans la capitale.

ART. 2.

Notre Ministre de la guerre est chargé de l'exécution du présent décret.

Fait à Reims, le 21 août 1870.

NAPOLÉON.

Pour l'Empereur :

Le Ministre de la guerre.

Projet d'une lettre de Napoléon au maréchal Mac-Mahon.

(De la main de M. Rouher.)

MARÉCHAL,

Nos communications avec le maréchal Bazaine sont interrompues. Les circonstances deviennent difficiles et graves. Je fais appel à votre patriotisme et à votre dévouement, et je vous confère le commandement général de l'armée de Châlons et des troupes qui se réuniront autour de la capitale et dans Paris.

Vous aurez, Maréchal, la plus grande gloire, celle de combattre et de repousser l'invasion étrangère.

Pour moi, qu'aucune préoccupation politique ne domine autre que celle du salut de la patrie, je veux *être votre premier soldat* (1), combattre et vaincre ou mourir *à côté de vous* (2) au milieu de mes soldats.

Cabinet de l'Empereur. Le Secrétaire particulier.

Premier projet d'une proclamation du Maréchal Mac-Mahon.

Quartier impérial, le   18   .

SOLDATS,

L'Empereur me confie le commandement en chef de toutes les forces militaires qui, avec l'armée de Châlons, vont se réunir autour de la capitale.

Mon désir le plus ardent aurait été de

(1) Les mots en italiques sont rayés sur la pièce originale.
(2) Rayé.

me porter au secours du maréchal Bazaine ; mais, après un mûr examen, j'ai reconnu cette entreprise impossible dans les circonstances où nous nous trouvons. *Nous ne pourrions nous rapprocher de Metz avant plusieurs jours. D'ici à cette époque le maréchal aura dû briser les obstacles qui l'arrêtent ; notre marche direct eur Metz n'aurait se* (1)

Pendant notre marche vers l'Est, Paris aurait été découvert et une armée prussienne nombreuse pouvait arriver sous ses murs. Après les revers qu'elle avait subis sous le premier Empire, la Prusse a créé une organisation militaire qui *lui permet d'armer rapidement son peuple et de mettre en quelques jours sous les armes sa population entière ; elle dispose donc de forces considérables. Les fortifications de Paris arrêteront le flot ennemi ; elles nous donneront le temps et les moyens* (2) lui a permis de mettre en mouvement des armées considérables. Les fortifications de Paris arrêteront *le flot* (3) l'ennemi et nous donneront le temps *d'organiser* (4) d'utiliser à notre tour toutes les forces militaires du Pays. L'ardeur nationale est immense, la Patrie est debout ; j'accepte avec confiance le commandement que l'Empereur me confère. Soldats, je compte sur votre patriotisme, sur votre valeur, et j'ai la conviction *qu'avec de la persévérance* (5) nous vaincrons l'ennemi et le chasserons de notre territoire.

Deuxième projet d'une proclamation du Maréchal Mac-Mahon.

(Ce projet est écrit de la main de M. Rouher.

Napoléon se proposait d'expédier à la fois au maréchal et sa lettre personnelle et la proclamation que le maréchal devait adresser à ses soldats.

SOLDATS,

L'Empereur me confie les fonctions de général en chef de toutes les forces militaires qui, avec l'armée de Châlons, se

(1) Les phrases en italiques sont rayées sur l'original.
(2) Rayé.
(3) Rayé.
(4) Rayé.
(5) Rayé sur l'original.

réuniront autour de Paris et dans la capitale. *Mon vif désir et ma première pensée* (1). Mon désir le plus ardent était de me porter au secours du maréchal Bazaine ; mais cette entreprise était impossible. Nous ne pouvions nous rapprocher de Metz avant plusieurs jours ; d'ici à cette époque, le maréchal Bazaine aura sans doute brisé les obstacles qui l'arrêtent ; d'ailleurs, pendant notre marche directe sur Metz, Paris restait découvert et une armée prussienne nombreuse pouvait arriver sous ses murs.

Le système des Prussiens consiste à concentrer leurs forces et à agir par grandes masses.

Nous devons imiter leur tactique ; je vais vous conduire sous les murs de Paris, qui forment le boulevard de la France contre l'ennemi.

Sous peu de jours, l'armée de Châlons sera doublée. Les anciens soldats de 25 à 35 ans rejoignent de toutes parts. L'ardeur nationale est immense ; toutes les forces de la Patrie sont debout.

J'accepte avec confiance le commandement que l'Empereur me confère.

Soldats, je compte sur votre patriotisme, sur votre valeur ; *j'ai l'espoir de vaincre* (2), et j'ai la conviction qu'avec de la persévérance et du temps nous vaincrons l'ennemi et le chasserons de notre territoire.

XVII.

Napoléon, après ses deux premières défaites, avait eu l'idée de revenir à Paris. Le fait est prouvé par cette dépêche de l'Impératrice, dépêche qu'on a déchirée et que la Commission a retrouvée en morceaux.

L'IMPÉRATRICE A L'EMPEREUR.

Je reçois *une* dépêche *de Pietri.* — Avez-vous *réfléchi à* toutes les conséquences qu'amènerait votre rentrée à *Paris* sous le coup de deux revers ? Pour *moi,* je n'ose prendre *la responsabilité* d'un conseil. —

(1) Rayé.
(2) Rayé sur l'original.

Si vous *vous* y *décidez*, il faudrait au moins *que* la mesure fût présentée au pays comme *provisoire* : l'Empereur revenant à Paris réorganiser la deuxième armée et confiant provisoirement le commandement en chef de l'armée du Rhin à Bazaine.

(Les mots ou fragments de mots soulignés appartiennent à trois morceaux qui n'ont pas été retrouvés.)

XVIII.

LETTRES DE Mlle MARGUERITE BELLANGER:

Ces deux lettres ont été découvertes dans les papiers particuliers de Napoléon. Elles étaient mises ensemble dans une enveloppe cachetée au chiffre N couronné, et avec cette suscription de la main de Napoléon : *Lettres à garder.*

MONSIEUR,

Vous m'avez demandé compte de mes relations avec l'Empereur, et, quoi qu'il m'en coûte, je veux vous dire toute la vérité. Il est terrible d'avouer que je l'ai trompé, moi qui lui dois tout ; mais il a tant fait pour moi que je veux tout vous dire : je ne suis pas accouchée à sept mois, mais bien à neuf. Dites-lui bien que je lui en demande pardon.

J'ai, Monsieur, votre parole d'honneur que vous garderez cette lettre.

Recevez, Monsieur, l'assurance de ma considération distinguée.

M. BELLANGER.

CHER SEIGNEUR,

Je ne vous ai pas écrit depuis mon départ, craignant de vous contrarier ; mais, après la visite de M. Devienne, je crois devoir le faire, d'abord pour vous prier de ne pas me mépriser, car sans votre estime je ne sais ce que je deviendrais ; ensuite pour vous demander pardon. J'ai été coupable, c'est vrai, mais je vous assure que j'étais dans le doute. Dites-moi, cher Seigneur, s'il est un moyen de racheter ma faute, et je ne reculerai devant rien ; si toute une vie de dévouement peut me rendre votre estime, la mienne vous appartient, et il n'est pas un sacrifice que vous me demandiez que je ne sois prête à accomplir. S'il faut, pour votre repos, que je m'exile et passe à l'étranger, dites un seul mot et je pars. Mon cœur est si pénétré de reconnaissance pour tout le bien que vous m'avez fait, que souffrir pour vous serait encore du bonheur. Aussi la seule chose dont à tout prix je ne veux pas que vous doutiez, c'est de la sincérité et de la profondeur de mon amour pour vous. Aussi, je vous en supplie, répondez-moi quelques lignes pour me dire que vous me pardonnez. Mon adresse est : Mme Bellanger, rue de Launay, commune de Vilbernier, près Saumur. En attendant votre réponse, cher Seigneur, recevez les adieux de votre toute dévouée, mais bien malheureuse,

MARGUERITE.

La lettre suivante de M. Devienne à M. Conti a-t-elle rapport à cette affaire ?

Cour impériale de Paris. Cabinet du premier président.

Paris, le 19 février 1868.

MONSIEUR LE CONSEILLER D'ÉTAT,

Je vous serai très-reconnaissant si vous voulez bien remettre ma lettre ci-jointe à Sa Majesté.

Veuillez agréer, avec mes excuses, l'expression de mes sentiments de haute considération.

Le premier président,
DEVIENNE.

XIX.

LETTRES DE PIERRE BONAPARTE
A NAPOLÉON

1.

SIRE,

Je ne puis que m'incliner devant les décisions de Votre Majesté, mais Elle me permettra de Lui observer que mes enfants cesseraient d'être naturels, du moment que je les légitimerais. Il n'entrait pas dans mes intentions immédiates d'épouser leur mère ; mais comme il n'y aurait pas d'autre moyen de les légitimer, je serais disposé à l'employer. Je viens donc demander à Votre Majesté l'autorisation que le statut du 21 juin 1853 rend nécessaire ; et je fais encore un appel à votre bon cœur, Sire, et à votre esprit d'équité.

Qu'il me soit permis d'exprimer une pénible réflexion. Par le fait, la situation exceptionnelle que le statut impose aux membres de la famille de l'Empereur me place dans une espèce d'interdiction des droits civils et politiques. Si on veut me nommer député, Votre Majesté s'y oppose. Je suis frappé d'une sorte d'inhabilité, de non-participation forcée, au service du pays et de Votre Majesté. L'accomplissement des vœux les plus légitimes, des devoirs les plus sacrés, paraît rencontrer des obstacles. Et tout cela, certainement, sans aucune compensation suffisante.

Poser ces questions, c'est être convaincu qu'elles seront prises en considération, si l'opinion que j'ai toujours eue de la grandeur d'âme de Votre Majesté ne me fait pas défaut.

Je prie Votre Majesté d'agréer le nouvel hommage de mon profond respect et de mon attachement inviolable.

De Votre Majesté, Sire, le très-dévoué cousin,

PIERRE-NAPOLÉON BONAPARTE.

Paris, le 19 mars 1867.

2.

SIRE,

Ma réponse à la lettre de Votre Majesté a été dictée par un sentiment auquel je ne puis faillir. Depuis lors, la situation que j'ai pris la confiance d'esquisser s'est encore accentuée par une circonstance qui m'oblige à renoncer définitivement à la Corse. M. le Ministre de l'intérieur, sollicité par M. Benedetti, a nommé un parent de celui-ci sous-préfet de Calvi, arrondissement de ma résidence. Le bon accueil fait par Votre Majesté à ma demande en faveur du docteur Bartoli a été inutile !

Frustré de tout crédit, de toute participation aux affaires, de toute chance d'améliorer mon état, j'espère que Votre Majesté voudra me venir en aide. Si vous vouliez, Sire, m'acheter ma propriété de Corse, je pourrais compléter mon modeste établissement des Ardennes. Cette propriété de Corse serait très-bien située pour y établir une ferme-modèle, une caserne de gendarmerie ou toute autre fondation administrative. Je devrai la mettre en vente, et je n'espère pas en retirer grand'chose, à moins que Votre Majesté n'agrée ma proposition. Ce serait un bienfait que je n'oublierais jamais. De Votre Majesté, Sire, le dévoué cousin,

PIERRE-NAPOLÉON BONAPARTE.

Paris, 25 mars 1867.

3.

Lettre de Napoléon à M. Pierre Bonaparte.

(L'original, trouvé en brouillon, est de la main de M. Conti.)

Je ne puis, quoiqu'il m'en coûte, accueillir favorablement vos nouvelles demandes. Les considérations qui s'opposent à la reconnaissance de vos enfants font également obstacle à l'union que vous désirez contracter. Quand on a l'honneur de porter votre nom, il est des convenances dont il faut avoir le respect. La gêne qu'elles imposent n'est, après tout, que la faible compensation d'avantages partout enviés, et auxquels, je suppose, vous ne voudriez pas renoncer.

Je regrette de ne pouvoir pas non plus me rendre acquéreur des biens que vous possédez en Corse et dont vous désirez vous défaire. Ces propriétés ne sauraient recevoir aucune (1) utile et me seraient à charge. Mon budget est trop grevé pour que je m'impose de pareils sacrifices.

4.

SIRE,

Je ne puis laisser sans réplique la lettre d'hier de Votre Majesté. Je crois fermement qu'il y aurait plus d'inconvenance à faillir au devoir sacré de reconnaître mes enfants qu'à contracter un mariage avec leur mère, d'une naissance modeste, mais

(1) Un mot illisible.

d'une conduite irréprochable. Si c'est d'une mésalliance que Votre Majesté veut parler, elle serait moindre, eu égard surtout aux positions respectives, que d'autres mésalliances contractées dans la famille.

Je ne saisis pas bien quels sont les avantages que Votre Majesté dit partout enviés. S'il s'agit de titres qui ne sont pas même ceux qui me seraient dus sous l'Empire, et que n'accompagne pas d'ailleurs la situation d'usage, je n'y tiens guère et j'en ai voté la suppression quand j'avais l'honneur de siéger à l'Assemblée nationale constituante. S'il s'agit de mon nom, je ne le dois qu'à ma naissance, à mon père, qui, certes, ne m'a pas donné l'exemple de la défection aux sentiments qui m'inspirent. S'il s'agit enfin de l'allocation que Votre Majesté m'octroie, elle ne représente qu'une très-faible partie des biens dont les Bourbons nous ont frustrés *par une spoliation inique*, pour me servir des propres expressions de Votre Majesté dans un document officiel que j'ai entre les mains.

Pour me résumer, Sire, je ne faillirai pas, coûte que coûte, à mes devoirs paternels, et, s'il le faut, je saurai, moi qui, pendant quatre ans passés à la représentation nationale, n'ai pas déposé un vote, un seul vote contraire à la liberté des autres, reprendre la route de l'exil et demander plus d'équité à un peuple libre.

Je n'en suis pas moins, avec respect, Sire, de Votre Majesté le très-humble et très-obéissant serviteur.

PIERRE-NAPOLÉON BONAPARTE.

Paris, 25 avril 1867.

5.

SIRE,

J'ai dû entretenir de ma situation Monseigneur l'Archevêque de Paris, et ce digne prélat désire en parler à Votre Majesté. Je viens vous prier, Sire, de vouloir bien l'entendre et d'agréer l'hommage de mon respectueux attachement.

PIERRE-NAPOLÉON BONAPARTE.

Paris, 25 avril 1867.

XX.

Les trois lettres qui suivent se rapportent au procès de Tours. La lettre au témoin Natal, dont on se rappelle les affirmations devant la Haute Cour, jette sur cette affaire un jour nouveau.

CABINET DE L'EMPEREUR.

(Minute nº 9.)

—

A S. Exc. M. le Ministre des affaires étrangères.

Palais des Tuileries, le 22 février 1870.

MONSIEUR LE MINISTRE,

L'Empereur me charge de transmettre à Votre Excellence la lettre ci-jointe, qui m'a été adressée par le prince Pierre Bonaparte. Votre Excellence verra, par le contenu de cette lettre, que le prince désire obtenir de la cour de Rome une attestation qui détruise une allégation calomnieuse de *la Marseillaise*, relative aux motifs de la mesure prise par le Gouvernement romain, en 1836, contre lui et son frère, et que le prince voudrait produire en justice, elle paraît de nature à ne pouvoir être refusée par la cour de Rome.

L'Empereur prie donc Votre Excellence de vouloir bien écrire à l'ambassadeur de France à Rome pour qu'il fasse les démarches nécessaires à l'obtention de cette pièce.

Veuillez agréer, etc.

—

(Minute nº 4.)

A Monsieur Natal, 11, rue Charey, Auteuil, près Paris.

Palais des Tuileries, le 8 janvier 1870.

MONSIEUR,

M. Conti, chef du cabinet de l'Empereur, a reçu votre lettre du 28 janvier 1870, demandant une audience de Sa Majesté, et votre lettre plus récente renfermant une supplique à l'adresse de S. A. le Prince Impérial. M. Conti me charge de vous informer que les demandes d'audience de l'Empereur doivent être envoyées à S. Exc. le duc de Bassano, grand

chambellan, et les requêtes à l'adresse du Prince Impérial au gouverneur de Son Altesse le général Frossard.

Agréez, Monsieur, l'assurance, etc.

Pour le Chef du cabinet,

L'ATTACHÉ AU SECRÉTARIAT.

—

PARQUET DE LA COUR IMPÉRIALE DE PARIS

CABINET DU PROCUREUR GÉNÉRAL.

Lettre de M. Grandperret, Procureur général, à M. Conti.

Paris, le 29 mars 1870.

MONSIEUR LE SÉNATEUR,

Je reçois avec une joie profonde la lettre par laquelle vous me faites savoir que Sa Majesté a daigné m'accorder son approbation. Ce témoignage d'une auguste bonté sera l'honneur de ma vie et le sujet d'une éternelle reconnaissance. Toute mon âme et toutes mes forces sont vouées au service de l'Empereur.

Veuillez agréer, Monsieur le Sénateur, l'assurance de ma respectueuse considération.

GRANDPERRET.

(Cette lettre de M. Grandperret a été écrite au lendemain du réquisitoire de la cour de Tours, affaire Victor Noir.)

—

XXI.

BUDGET DE LA FAMILLE IMPÉRIALE.

Lettre de M. Achille Murat à Napoléon.

Demande d'argent. — Une note donnant un total de sommes versées au prince Achille Murat était attachée à l'original de cette lettre. Nous la reproduisons plus bas.

SIRE,

Je m'empresse d'informer Votre Majesté de mon retour à Paris, où j'ai été contraint de revenir, appelé par mes affaires. Je viens donc me mettre aux ordres de Votre Majesté, l'assurant que je n'ai rien de plus à cœur que de Lui prouver mon sincère désir de m'y conformer entièrement.

Après huit mois de séjour au Caucase, Sire, je suis revenu pour rejoindre en Afrique le nouveau régiment dans lequel, à la demande de mon frère, Votre Majesté a daigné me placer, persuadé que les arrangements faits pendant mon absence me permettraient de reprendre mon service et d'effacer alors, par ma conduite, de l'esprit de Votre Majesté, mes fautes passées. Malheureusement, Sire, rien ou presque rien n'est changé dans ma triste situation. Jusqu'à présent, les fonds employés ont servi à éteindre à peine les dettes contractées sur parole, celles dans lesquelles l'honneur de mon nom était engagé, de sorte que tous les ennuis, tout le scandale dont j'étais menacé avant mon départ me menacent encore. En Afrique comme à Paris, ma présence va réveiller l'acharnement de mes créanciers; j'y serai poursuivi, traqué, saisi, exposé tous les jours à des réclamations incessantes, menaçantes, dont la malveillance ne manquera pas de s'emparer, et Votre Majesté est trop juste pour vouloir que, dans de telles conditions, j'aille rejoindre mon régiment, dans lequel toute la déconsidération dont je serais entouré m'enlèverait l'estime de mes camarades et rendrait mon existence et mon service au milieu d'eux complétement impossibles.

Je n'ose supplier Votre Majesté de vouloir bien me permettre d'aller Lui soumettre en quelques mots ma situation *véritable*, et les moyens d'en aplanir les difficultés, car la situation qu'on Lui a présentée a été très-exagérée, j'ignore dans quel but; mais je La supplie de croire et d'être persuadée que je tiens avant tout à reconquérir son affection, et que pour y parvenir je suis prêt à faire tout ce qui est dans mon pouvoir.

De Votre Majesté le très-obéissant neveu et sujet,

ACHILLE MURAT.

30 septembre 1869.

En marge, au crayon, de la main de Napoléon :

Refus. — L'Empereur ne veut pas se mêler de ses affaires.

Napoléon s'était fait présenter, avant de refuser, le total des sommes allouées de 1852 à 1866 à la famille Murat ; ce total est assez respectable.

Le Prince Achille Murat.

	Juillet. Reçu de S. M. l'Empereur.	32.000	»
	Août. Idem.	10.000	»
1864	Septembre. Idem.	10.000	»
	Octobre. Idem.	3.000	»
	Novembre. Idem.	23.000	»
1865	Avril. Idem.	4.959	45
	Novembre. Idem.	248	»
		83.207	45

XXII.

SUBVENTIONS ANNUELLES ACCORDÉES AUX MEMBRES DE LA FAMILLE IMPÉRIALE.

ÉTAT A.

NOMS.	MONTANT par article des crédits demandés pour 1868.	TOTAL.
LL. AA. la princesse Bacciocchi......................	150.000 fr.	250.000
Plus rente annuelle et viagère pour rachat du majorat de Bologne............................	100.000	
Le prince Lucien Murat (1).........................		50.000
La princesse Lucien Murat.........................		100.000
Le prince Achille Murat............................		24.000
La princesse Joachim Murat........................		20.000
Le prince Pierre Bonaparte.........................		100.000
Le prince Antoine Bonaparte.......................		100.000
Le prince Louis-Lucien Bonaparte		100.000
Le prince Lucien Bonaparte		20.000
Le prince Napoléon Charles Bonaparte..............	50.000	70.000
Plus pour location d'un hôtel.....................	20.000	
La princesse Marianne Bonaparte...................		6.000
Madame Valentini		25.500
La comtesse Rasponi..............................		50.000
Le marquis Pepoli.................................		25.000
La marquise Roccagiowine..........................	20.000	40.000
Plus pour indemnité de logement..................	20.000	
La comtesse Primoli...............................	20.000	40.000
Plus pour indemnité de logement	20.000	
La comtesse Campella.............................		20.000
LL. AA. la princesse Gabrielli......................	20.000	40.000
Plus une indemnité de logement...................	20.000	
La baronne de Chassiron...........................		30.000
Madame Wyse......................................	40.000	46.975
Plus pour prix d'assurance sur la vie.	6.975	
Madame Ratazzi, née Wyse.........................		24.000
Madame Turr, née Wyse............................		24.000
Le prince Gabrielli...............................		6.250
La marquise Christine Stephanoni		6.250
La comtesse Lavinie Aventi.........................		6.250
La marquise Amélie Parisani.		6.250
Madame A. Booker.................................		6.000
Madame Clélia Honorati Romagnoli.		6.000
M. Jérôme Bonaparte fils...........................		30.000
La marquise Bartholini.		12.000
La comtesse Mosti, née Pepoli		8.333
La comtesse Ruspoli, née Pepoli.....................		8.333
La comtesse Tattini, née Pepoli.		8.334
M. Wyse (Lucien-Napoléon).........................		2.000
TOTAL GÉNÉRAL.......		1.310.975

(1) La subvention annuelle était primitivement de 100.000 francs. Voir les motifs de la réduction à l'état B.

MINISTÈRE DE LA MAISON DE L'EMPEREUR
ET DES BEAUX-ARTS.

—

SECRÉTARIAT GÉNÉRAL.
ETAT B.

État des sommes qui, depuis 1852, ont été payées en capital à S. A. le prince Lucien Murat et aux membres de sa famille.

1° S. A. LE PRINCE LUCIEN MURAT.

Avril 1852.

1° Un million de francs, payable par à-compte mensuels de 25.000 francs, plus les intérêts, ci.. 1.000.000 »

Décembre 1852.

2° Un million de francs, payable par sixième et par mois, plus les intérêts... 1.000.000 »

Cette somme est accordée à la condition que la pension du prince sera réduite de 100.000 à 50.000 francs et qu'il sera fait emploi du capital, pour l'usufruit, en faveur du prince, et pour la nue propriété, en faveur de son fils aîné.

Février 1860.

3° Trois cent mille francs (cette somme est accordée pour l'acquisition d'un hôtel situé à l'angle de l'avenue Montaigne et de la rue Jean-Goujon), ci... 300.000 »

Mai 1860.

4° Douze mille cinq cents francs, pour le payement d'un legs dû au prince, du chef de sa mère, sur la succession du cardinal Fesch, ci.. 12.500 »

Juillet 1860.

5° Cent mille francs, montant d'une allocation mise à la disposition du prince, ci.. 100.000 »

Décembre 1864.

6° Soixante-sept mille francs (cette somme est accordée à titre d'avance remboursable; mais elle n'a été remboursée que jusqu'à concurrence de 35.000 francs), et en conséquence, il reste dû................. 32.000 »

TOTAL.................. 2.444.500 »

2° S. A. LE PRINCE JOACHIM MURAT.

Mars 1854.

Allocation de cent quatre-vingt mille francs à l'occasion de son mariage, ci .... 180.000 »

3° Mme LA DUCHESSE DE MOUCHY.

1866.

Allocation de un million sept cent trente-huit mille soixante-deux francs quarante-huit centimes, pour servir à constituer la dot de Mme la duchesse de Mouchy, ci................................... 1.738.062 48

ENSEMBLE.............. 4.362.562 48

La note suivante, écrite à l'encre, est tracée en marge de cette pièce :

La dot était de 2,000,000 de francs, le surplus de la somme de 1,738,062 fr. 48 cent. *a été payé par l'Empereur en dehors de l'intervention du ministère.*

XXIII.

FACTURE DE BONBONS PAYÉE PAR NAPOLÉON POUR LE GÉNÉRAL DE FAILLY.

GOUACHE, CONFISEUR, FOURNISSEUR DE S. M. L'EMPEREUR.

Paris, le 20 mai 1858.

Fourni à M... Sa Majesté l'Empereur :

12 douzaines demi-boîtes dragées à 18 francs............. 216 fr.

Livrées à M. le général de Failly, 20, rue de Ponthieu.

Pour acquit,
L. GOUACHE.

Et en note, au crayon, une récapitulation d'autres factures semblables, probablement :

16 avril	216 fr.
9 mai	432
3 juin...........	216
1er décembre......	216
20 mai	216
	1.296 fr.

XXIV.

CE QUE COUTE UN BAPTÊME.

Naissance et baptême du prince impérial.

Médaillons en diamants....................................	25.000
Allocation aux médecins....................................	62.000
— à la sage-femme....................	6.000
A la société des auteurs et compositeurs dramatiques....................	10.000
— gens de lettres......................	10.000
— artistes dramatiques....................	10.000
— artistes musiciens....................	10.000
— peintres, sculpteurs, etc....................	10.000
— inventeurs industriels....................	10.000
— médecins du département de la Seine....................	10.000
Aux bureaux de bienfaisance de la Seine et des communes où sont situés les biens de la Couronne....................	93.000
Layette....................	100.000
Gratifications de quatre mois de traitement aux agents du service intérieur de S. M. l'Impératrice....................	11.000
Spectacle gratis du 18 mars 1856....................	44.000
Secours aux parents des enfants nés le 16	50.000
Médailles aux auteurs et compositeurs des cantates et vers adressés à LL. MM.	
Médailles aux troupes et élèves des lycées	85.000
Brevets adressés aux parents des filleuls de LL. MM.	20.000
Cortège du baptême. Service des écuries	172.000
Gratifications aux gagistes de la maison de LL. MM.	160.000
TOTAL..............	898.000

XXV.

CASSETTE IMPÉRIALE.

Nous publions quelques-uns des reçus et des comptes de la cassette impériale. Ce n'est là qu'un aperçu. La suite de notre publication contiendra beaucoup d'autres documents semblables. La liste des personnes qui touchaient des pensions sur la cassette de Napoléon ne varie guère, et, de mois en mois, la plupart des bordereaux se ressemblent. Lorsque *Aladenize* meurt, on passe simplement la même somme au *compte de la succession Aladenize*. On donnera dans un chapitre spécial la liste des reçus détachés que la Commission a trouvés et réunis.

Les pièces qui suivent se composent :

1° Des états des dépenses de la cassette particulière de l'Empereur pendant les mois d'avril 1868, avril et mai 1870. Nous avons d'autres états semblables de 1868, 1869 et 1870. Nous avons choisi ceux qui donnaient des noms différents.

2° Des états des sommes à payer sur la fortune particulière de l'Empereur, de janvier à juillet 1865, de juillet 1868 à janvier 1869, de janvier à juillet 1869. Nous possédons de doubles états, par mois, qui ne font que reproduire ceux-ci. Nous donnons seulement ceux de mars et de mai 1865, qui contiennent quelques secours non indiqués sur l'état général.

3° Un reçu isolé, qui nous fournit un nom que nous ne trouvons pas sur ces listes.

Recto.

CASSETTE PARTICULIÈRE DE L'EMPEREUR.

—

Palais des Tuileries, le   48

113
87

——

200 (1)

——

Verso.

Aperçu du mois d'avril 1868.

Travaux des Dombes, quatrième à-compte.	35.000
M. Dusautoy, solde	25.000
Baron David, pour avril	3.000
M. Silvestre (2), *idem*	1.000
M. Daux, *idem*.	1.000
Commandant de Reffye (3), *idem*	2.000
— — en plus	4.000
Cathédrale de Sens, ornements	10.000
M. de Roucy, 1er à-compte sur 6.000 francs	2.000
Note de Bapst.	7.675
Pour pourvoir aux dépenses courantes	9.325
TOTAL	100.000

Mandat d'avril	50.000
A ajouter	50.000
SOMME ÉGALE	100.000

(1) De la main de l'Empereur.
(2) Il s'agit de M. Théophile Silvestre, dont on trouve beaucoup de lettres et des reçus signés dans les papiers impériaux.
(3) Le commandant de Reffye serait un officier d'état-major qui aurait aidé l'Empereur à inventer les mitrailleuses.

En 1807, il était ministre de la guerre. Au mois de mars 1814, il précipita le départ de Marie-Louise pour Blois, exagérant d'une part le danger qu'il y avait de rester à Paris, et atténuant d'autre part les ressources qu'on pouvait opposer à ce danger. Il ne sut d'ailleurs prendre aucune mesure vigoureuse pour garantir Paris contre l'attaque des armées alliées. Voici comment, selon M. Thiers, tome XVII, page 622, l'Empereur appréciait cette conduite de son ministre.

« Le 30 mars, vers minuit, l'Empereur « rencontra le général Belliard à Fromen- « teau. « Où est l'armée, lui demanda-t- « il? — Sire, elle me suit. — Où est l'en- « nemi? — Aux portes de Paris? — Et qui « occupe Paris? — Personne, il est éva- « cué! — Comment! évacué!... Et mon « fils, ma femme, mon gouvernement, où « sont-ils? — Sur la Loire. — Sur la « Loire!... Qui a pu prendre une résolu- « tion pareille? — Mais, Sire, on dit que « c'est par vos ordres. — Mes ordres ne « portaient pas telle chose... Mais Joseph, « Clarke, Marmont, Mortier, que sont-ils « devenus? qu'ont-ils fait? — Nous n'a- « vons vu, Sire, ni Joseph, ni Clarke, de « toute la journée. Quant à Marmont et à « Mortier, ils se sont conduits en braves « gens. Les troupes ont été admirables. « La garde nationale elle-même, partout « où elle a été au feu, rivalisait avec les « soldats. On a défendu héroïquement les « hauteurs de Belleville, ainsi que leur « revers vers la Villette. On a même dé- « fendu Montmartre, où il y avait à peine « quelques pièces de canon, et l'ennemi, « croyant qu'il y en avait davantage, a « poussé une colonne le long du chemin « de la Révolte pour tourner Montmartre, « s'exposant ainsi à être précipité dans la « Seine. Ah! Sire, si nous avions eu une « réserve de dix mille hommes, si vous « aviez été là, nous jetions les alliés dans « la Seine, nous sauvions Paris et nous « vengions l'honneur de nos armes!... — « Sans doute, si j'avais été là, mais je ne « puis être partout!... Et Clarke, Joseph, « où étaient-ils? Mes deux cents bouches « à feu de Vincennes, qu'en a-t-on fait? « Et mes braves Parisiens, pourquoi ne « s'est-on pas servi d'eux? — Nous ne « savons rien, Sire; nous étions seuls et « nous avons fait de notre mieux. L'en-

« nemi a perdu douze mille hommes au « moins. — Je devais m'y attendre, dit « alors Napoléon, Joseph m'a perdu l'Es- « pagne, et il me perd la France.

« Et Clarke! J'aurais bien dû en croire « ce pauvre Rovigo, qui me disait que « Clarke était un lâche, un traître, et de « plus un homme incapable. Mais c'est « assez se plaindre, il faut réparer le mal; « il en est temps encore. Caulaincourt! « ma voiture.... »

Dès le 8 avril, le duc de Feltre envoyait son adhésion au gouvernement provisoire.

Le 4 juin 1814, il fut nommé pair de France par Louis XVIII.

Le 4 mars 1815, il reçut de ce prince le portefeuille de la guerre; il fit le voyage de Gand.

Rentré en France avec le roi, il conserva son portefeuille, fut élevé à la dignité de maréchal de France et chargé de licencier l'armée impériale. C'est lui qui institua, peu de temps après, les cours prévôtales.

A Sainte-Hélène, Napoléon rappelant les événements de son règne, plus calme, plus indulgent peut-être qu'en 1814, répondait à quelqu'un qui lui demandait s'il croyait que Clarke lui eût été fidèle :

« Oui, tant que j'ai été le plus fort. » Issu d'une famille noble, venue d'Irlande à la suite des Stuarts, Clarke était fort infatué de sa noblesse; il se faisait faire sans cesse des généalogies, et, un jour, il crut avoir découvert qu'il descendait des Plantagenets. C'est à cette occasion que Napoléon lui dit : « Vous ne « m'aviez pas parlé de vos droits au trône « d'Angleterre; il faut les revendiquer. »

Il est juste d'ajouter que cet homme, d'un dévouement si douteux, était un administrateur capable, intègre, laborieux.

Que l'Empereur décide dans sa haute sagesse s'il convient de ranimer, de glorifier un nom auquel se sont attachés de funestes soupçons, ou qui du moins ne s'est pas concilié l'estime publique, quand tant de noms honorables, honorés, à défaut d'enfants mâles pour les perpétuer, sont tombés dans l'oubli.

Signé : DELANGLE.

RÉCLAMATION.

Dans notre 6e livraison, page 170, M. Bertriz

figure pour 133 francs sur le « Compte des dépenses faites pour l'élection de M. Terme. »

M. Bertrix nous écrit qu'à l'époque dont il s'agit il était attaché à la comptabilité du journal le Peuple, où il n'est resté que deux mois, et que ces 133 francs lui ont été alloués pour le couvrir des frais de voiture et autres dépenses qui lui avaient été imposées par son administration, mais non pour avoir rendu à M. Terme des services électoraux.

———

LXIX.

FAUX BILLETS DE BANQUE ÉTRANGERS FABRIQUÉS PAR ORDRE DE NAPOLÉON Ier.

Des historiens avaient écrit que Napoléon Ier avait ordonné la fabrication de faux billets de banque anglais et russes. Un volume publié en 1825 sous ce titre : Chronique indiscrète du XIXe siècle, renfermait, entre autres curiosités, un mémoire dans lequel un sieur Joseph Castel, ancien négociant, déclarait qu'un général français lui avait remis à Hambourg, au commencement de l'année 1812, des billets de banque anglais représentant une valeur de 5,000 livres sterling, en le priant de les faire escompter. Joseph Castel s'était prêté à cette négociation. Plus tard il avait appris que ces billets étaient faux. Le mémoire donnait sur la fabrication des faux billets des renseignements circonstanciés. Il y était dit, en outre, qu'un juif de Hambourg, qui avait aidé à mettre en circulation des titres pareils, avait été pendu à Londres, et que, plus tard, le gouvernement anglais avait dénoncé Napoléon faussaire au gouvernement de la Restauration. Enfin le bruit avait couru que Louis-Napoléon avait racheté des papiers qui établissaient péremptoirement le fait de la fabrication de faux billets de banque par ordre de l'Empereur.

Les allégations des historiens étaient-elles fondées ? Fallait-il ajouter foi à la Chronique indiscrète, que son titre et l'époque où elle avait paru pouvaient rendre suspecte ? Le bruit des papiers rachetés par Louis-Napoléon était-il vrai ? Les pièces qu'on va lire, trouvées aux Tuileries, dissiperont tous les doutes.

Lettre du duc de Bassano.

(Le destinataire de cette lettre est resté inconnu.)

MONSIEUR,

J'ai à vous faire une communication d'une nature assez étrange. Vous jugerez si elle mérite d'être portée à la connaissance du Prince-Président. Voici ce dont il s'agit :

Il paraît qu'en 1810, et plus tard, en 1812, avant la campagne de Russie, S. M.

l'Empereur ordonna de fabriquer une quantité considérable de faux billets de la banque d'Angleterre et de celle de Russie. Cette fabrication, dirigée par le Ministère de la police, fut entourée du plus grand mystère, et la gravure des planches fut confiée à un sieur Lale, graveur habile du Dépôt général de la guerre. A une époque qui n'est pas précisée, le sieur Lale adressa à un des frères de Sa Majesté un récit circonstancié de la part qu'il avait prise à cette opération ; il l'intitula : « Extrait du « journal du travail de gravure qui m'a « été confié pour le service particulier du « cabinet secret de S. M. l'Empereur. » A sa mort, le manuscrit original de cette relation était parmi ses papiers, ainsi qu'une lettre du duc de Rovigo et une autre du sous-directeur du Dépôt de la guerre, se rattachant toutes deux aux circonstances que je viens de mentionner. Une des héritières du sieur Lale, Mlle de Montaut, sa nièce, se trouva en possession de ces trois pièces (1). Malgré le secret qu'elle garda scrupuleusement à leur sujet, leur existence ne resta pas ignorée. Des personnes hostiles aux gloires de l'Empire lui firent à plusieurs reprises l'offre de sommes importantes, si elle voulait consentir à leur laisser ces pièces, auxquelles on se proposait de donner de la publicité. Mlle de Montaut ne voulut pas, par un sentiment de probité et de loyauté qui lui fait honneur, se prêter à ces perfides desseins. Elle refusa donc constamment, malgré l'état de gêne où elle vivait, les offres avantageuses qui lui étaient faites. Elle résolut de ne jamais se dessaisir des documents que le hasard avait placés entre ses mains, si ce n'était pour les remettre fidèlement un jour à l'héritier de l'Empereur. Elle désire maintenant accomplir le devoir qu'elle s'est imposé, et elle m'a prié de faire parvenir ces papiers au Prince.

Je m'acquitte de la mission qu'elle m'a confiée et je vous envoie ci-joint, Monsieur, les trois pièces dont il s'agit. Si vous avez le temps d'y jeter les yeux, vous vous convaincrez qu'il convenait que les révélations qu'elles contiennent ne

(1) Le manuscrit porte cette apostille : « Mademoiselle de Montaut, qui en fait la remise, ne demande rien ; mais elle est pauvre et honorable.»

fussent pas livrées aux ennemis du Prince et de S. M. l'Empereur.

Mlle de Montaut n'a pas la pensée de vouloir mettre un prix à la remise de ces papiers ; elle n'a pas fait la moindre mention à cet égard ; mais je crois devoir vous faire connaître sa position. Elle est absolument dénuée de fortune, elle n'a d'autres ressources que son travail. Elle est en ce moment institutrice des enfants du prince de Chimay. C'est une personne très-distinguée et très-méritante sous tous les rapports.

Agréez, Monsieur, l'assurance de mes sentiments les plus distingués et dévoués.

Duc DE BASSANO.

Bruxelles, le 20 mars 1852.

La communication du duc de Bassano fut transmise à qui de droit, et la découverte faite aux Tuileries des trois pièces indiquées dans sa lettre montre qu'on y attacha l'importance qu'elles méritaient.

Voici ces pièces.

Lettre du colonel sous-directeur du dépôt général de la guerre à M. Lale.

Paris, le 12 août 1812.

Monsieur, j'ai reçu la lettre par laquelle vous me prévenez que vous êtes appelé à exécuter un travail secret qui vous éloignera du Dépôt pendant deux mois.

Je ne puis vous laisser ignorer que l'administration regarde comme très-inconvenant le parti que vous avez pris sans la consulter et sans savoir si votre absence ne serait point nuisible à ses travaux particuliers. Elle est loin de vouloir connaître le genre d'occupation que vous allez entreprendre, mais elle a le droit de vous demander la preuve que c'est ensuite d'un ordre du gouvernement que vous manquez aux engagements que vous avez pris de venir travailler chaque jour depuis neuf heures jusques à quatre. Pour vous disculper tout à fait de ce manque d'égards, il faudrait que cet ordre vous désignât nominativement comme devant être chargé du travail secret, ce qui n'est nullement probable, car, dans ce cas-là, l'autorité qui vous emploie n'aurait pas manqué d'en prévenir le Ministre de la guerre ou le [...] du Dépôt.

Ceci n'ayant pas eu lieu, je vous invite à venir reprendre vos travaux ou à me donner la preuve que vous êtes employé momentanément pour un objet pressé, qu'un autre que vous n'aurait pu exécuter, et par suite des ordres du gouvernement.

J'ai l'honneur de vous saluer avec considération.

Le colonel sous-directeur du Dépôt général de la guerre,

MURIEL.

A M. Lale, graveur du Dépôt général de la guerre.

Attestation du duc de Rovigo.

M. Lale, étant chargé de dresser des *cartes très-secrètes pour le cabinet de Sa Majesté,* ne devra communiquer absolument avec qui que ce soit, excepté avec les artistes qui sont nécessaires à la confection de l'ouvrage.

Si, pour quelque motif que ce puisse être, un officier de police civil ou judiciaire se présentait chez lui, porteur d'ordres, de quelque nature qu'ils soient, M. Lale devra leur exhiber la présente réquisition, et il est expressément défendu audit officier de police de pénétrer dans le local où se fait le travail, de faire aucunes questions ou perquisitions qui y soient relatives ou qui puissent nuire au secret ; mais, au contraire, de se retirer sur-le-champ auprès de l'autorité qui l'a envoyé, laquelle référera du tout à Son Excellence le Ministre de la police soussigné et prendra ses ordres.

Fait à l'hôtel de la police générale de l'Empire, le 1er août 1810.

Le duc DE ROVIGO.

Relation du sieur Lale.

Extrait du journal du travail de gravure qui m'a été confié pour le service particulier du cabinet secret de S. M. l'Empereur.

Il ne m'appartient pas d'approfondir les vues du gouvernement de cette époque, ni les motifs qui le forcèrent à adopter un pareil parti, pour porter à ses nombreux ennemis un coup qui devait amener la ruine complète de leurs ressources financières ; ce qui devait paralyser avec le temps le nerf des opérations militaires de leurs armées, et les forcer à respecter l'indépendance de la France, à lui procurer une paix durable, qu'elle avait acquise au prix de la valeur de ses nombreux guerriers, commandés alors par le plus grand capitaine de l'Europe, l'Empereur, votre auguste frère.

Ma position, à cette époque, était de me soumettre aux ordres du gouvernement et de repousser avec indignation toutes propositions qui auraient eu pour but de prévenir les ennemis de la France des moyens que l'on employait contre eux.

Les ennemis de l'Empereur étaient ceux de la France et les miens; j'ai donc cru qu'il était de mon devoir d'obéir aux ordres du gouvernement et de rester silencieux; et, malgré les circonstances malheureuses qui ont porté la désolation dans toute la France, ma plume n'a jamais été à la solde de ses ennemis.

Je suis resté calme et discret au milieu de la tempête; ma conscience ne me reproche rien.

Je passe maintenant aux divers travaux de gravure qui m'ont été confiés, en ma qualité de graveur, directeur du travail ordonné par le gouvernement.

Journal.

Un exposé vrai de mes opérations mettra le lecteur à même d'apprécier l'importance de l'opération et d'en calculer les conséquences.

Dans le commencement de l'année 1810, je me trouvais employé en qualité de premier graveur d'écriture au Dépôt général de la guerre; j'avais à cette époque dix ans d'exercice; je me trouvais sous les ordres du général Samson, directeur de cet établissement. Comme tous les graveurs employés, je gravais pour la ville le matin, et le soir, après les travaux du Dépôt.

Je reçus un jour la visite d'un particulier qui m'était inconnu; il me proposa la gravure d'une planche qui offrait dans son exécution de très-grandes difficultés, l'original, parfaitement gravé à Londres, faisait partie d'un texte, gravé en taille-douce avec le plus grand soin; l'ouvrage, disait-il, avait passé à un libraire de Paris, qui désirait compléter l'ouvrage en ques-

tion; plusieurs cuivres se trouvant égarés ou perdus, il me fallait imiter l'original servilement; je me chargeai de ce travail, et quinze jours après je fis faire des épreuves de ma planche et les remis au particulier, qui en fut émerveillé; il me solda et disparut.

Quinze jours après, il se présenta de nouveau, il m'engagea à l'accompagner chez le libraire propriétaire de l'ouvrage. C'est ce que je fis; mais quelle fut ma surprise, lorsqu'arrivé devant l'hôtel du Ministre de la police générale, il m'invita très-cordialement à le suivre.

J'entrai par la rue des Saints-Pères; en montant l'escalier qui conduit aux bureaux du premier chef de la police secrète, mon cœur battait, et j'étais plongé dans des réflexions qui portaient le désordre dans mes idées.

Introduit dans un petit salon, abandonné par mon compagnon de voyage, je restai seul pendant près d'une heure à réfléchir sur le sort qui m'était réservé; je fis un retour sur moi-même, je n'avais rien à me reprocher: l'Empereur était mon idole, ma bouche ne s'ouvrait que pour en dire du bien. Premier graveur au Dépôt de la guerre, ma position me commandait d'être l'ami du gouvernement; mais j'étais son ami plutôt par conviction que par intérêt; j'en ai donné la preuve depuis dans les circonstances les plus difficiles de ma vie; telle a été mon anxiété pendant une heure que je suis resté seul.

J'entendis une porte s'ouvrir, et je vis paraître un officier général donnant la main à un individu aux manières fort distinguées; je le pris pour le Ministre Fouché, que je n'avais vu qu'une seule fois aux Tuileries étant de garde au château.

Je me lève et salue respectueusement ces deux messieurs, attendant avec résignation qu'il plaise à Son Excellence de me faire appeler, tellement j'étais peu au courant de l'étiquette ministérielle.

Un fort coup de sonnette vint un instant après me prévenir que j'allais être introduit; je m'entends appeler, je passe dans plusieurs pièces, et me voilà dans le cabinet du premier chef de division de la police secrète; je reconnus la même personne qui donnait la main à l'officier général; je le saluai profondément, et lui dis : « Monseigneur, je suis aux ordres de

« Votre Excellence ; veut-elle me donner « connaissance du motif qui m'amène de-« vant elle ? »

Le chef de division se prit à sourire et me dit : « Je ne suis point le Ministre, « mais je suis chargé par lui de vous ad-« mettre dans mon cabinet à l'effet de « nous entretenir ensemble d'un travail « qui va vous être confié, et qui demande « de votre part la plus grande discrétion ; « vous en serez chargé seul, et vous ré-« pondrez de la régularité de son exécu-« tion. J'ai fait prendre, ajouta-t-il, des « renseignements sur votre moralité ; je « n'ai rien oublié de ce qui pouvait nous « procurer la certitude que vous réunissez « les capacités nécessaires pour entre-« prendre le travail que le gouvernement « va vous confier. C'est à vous, Monsieur, « à répondre à ce que nous avons droit « d'attendre de vous ; zèle et discrétion, « voilà quelle doit être la règle de votre « conduite. Vous allez être dépositaire « d'un grand secret d'État, c'est à vous « à vous tenir en garde contre tout inter-« locuteur qui voudrait le connaître et à « nous prévenir de suite. Il faut dans « cette affaire beaucoup de désintéresse-« ment et ne point sacrifier l'intérêt du « gouvernement au profit de ses ennemis, « qui ne manqueraient point de vous « abuser par de séduisantes promesses, « mais qui vous abandonneraient lorsqu'il « s'agirait de nous rendre compte de vo-« tre félonie. » — « Je vous remercie, « Monsieur, de vos bons avis ; veuillez, je « vous prie, me faire connaître le travail « dont il est question. »

M. Desmaret (c'était le premier chef de division de la police secrète) sortit de son bureau une liasse énorme de billets de la Banque d'Angleterre ; il plaça sur sa table l'épreuve de la planche que j'avais gravée à côté de l'original ; il me dit que cette gravure a été vue par le Ministre, qu'elle a été comparée soigneusement avec l'o-riginal, qu'elle s'est trouvée dans toutes ses parties d'une parfaite ressemblance : « Il nous est donc démontré que vous pou-« vez imiter ces billets ; ils sont gravés en « taille douce, et paraissent offrir à l'œil « moins de difficultés dans leur exécu-« tion que la page que vous avez gra-« vée... » M. Desmaret avait raison.

« Ce travail, ajouta-t-il, sera de longue « durée ; ce n'est qu'un commencement « d'opération qui, par suite, doit en ame-« ner d'autres ; vous seul serez chargé de « l'exécution de toute la gravure du ca-« binet secret de S. M. l'Empereur, et, « pour vous prouver combien est grande « la confiance que nous mettons en vous, « vous êtes chargé de nous faire connaître « un imprimeur en taille-douce qui réunisse, « sous le rapport de son état et de sa mo-« ralité, toutes les qualités nécessaires à « une pareille opération. »

Je remerciai M. Desmaret de ce qu'il m'avait dit de flatteur, mais je lui fis ob-server qu'il me fallait la certitude de n'être nullement inquiété pendant l'exécution de ce travail ; qu'il me fallait une autorisa-tion du général Samson, commandant le Dépôt général de la guerre, pour m'absen-ter aussi longtemps du Dépôt, et que je tenais à tout prix à conserver ma place.

M. Desmaret m'assura que tout était arrangé, que je pouvais me présenter à l'administration, que ma demande me se-rait octroyée. En effet, le lendemain de cette entrevue, j'allai au Dépôt ; le colo-nel Jacotin, chef de ma division, me dit sans explications préliminaires : « Monsieur « Lale, le général vous autorise à vous ab-« senter autant de temps que le service de « Sa Majesté l'exigera. »

Je me rendis de suite chez moi pour m'occuper du travail en question ; je fis choix d'un imprimeur en taille-douce tra-vaillant pour son compte et jouissant d'une excellente réputation ; je fis part à M. Des-maret du choix que je venais de faire : c'était un homme laborieux ; il était Sa-voisien et d'un caractère peu communica-tif ; sa conduite privée était fort régulière, il était d'opinion fort dévoué au gouver-nement.

Il fut introduit par moi près de M. Des-maret ; je n'assistai pas à leur conférence, je me retirai à l'écart.

Trois jours après, à huit heures du soir, le sieur Malo arriva chez moi, accompa-gné de M. Terrasson, commissaire du gou-vernement, chargé spécialement de la sur-veillance du travail ; il fit choix d'un ca-binet placé à côté du petit salon que j'avais choisi pour travailler à ma gravure. Le lendemain on apporta une presse. Ces messieurs adaptèrent une chaîne aux croi-settes de la presse et y placèrent un fort cadenas dont la clef fut remise au sieur Malo.

Cette presse était destinée à l'impression des épreuves des planches que je gravais, à l'effet d'éviter des démarches multipliées qui auraient entraîné une grande perte de temps pour arriver aux corrections desdites planches.

J'occupais, dans le faubourg Saint-Jacques, une petite maison composée de deux étages et d'un jardin, dont j'étais le seul locataire.

Le premier étage avait trois croisées en face la rue des Ursulines et n'était accessible à aucun voisin.

La chambre d'entrée et ma chambre à coucher avaient vue sur mon jardin, qui était mitoyen à celui des Sourds-Muets.

Le second étage était composé de même : même vue, même isolement ; mon logement était parfaitement convenable à mon opération. Je m'occupai avec activité à graver le premier billet ; on en fit plusieurs épreuves, et, les corrections terminées, l'agent Terrasson emporta ces épreuves, qui furent de suite présentées au Ministre Fouché. Il en fut très-satisfait, et le lendemain il s'empressa de les présenter à S. M. l'Empereur, qui fut, m'a-t-on dit, très-satisfait.

Je reçus ordre de continuer et d'activer le plus possible ; j'avoue que je ne gravais point mes planches avec beaucoup de sécurité ; je n'avais pas encore reçu l'autorisation écrite du Ministre, que je lui avais fait demander plusieurs fois, tant j'en reconnaissais l'importance pour ma propre sécurité et ma tranquillité future ; j'insistai pour l'obtenir, et ne voulus point continuer le travail sans qu'elle me fût accordée ; le sieur Malo pensait comme moi, et, de son côté, tourmentait le sieur Terrasson, commissaire du gouvernement, à l'effet de l'obtenir.

Le ministère de la police générale venait d'être donné au général Savary, qui, après avoir pris connaissance du travail, nous accorda cette autorisation signée de lui.

Elle portait en substance que le gouvernement, ayant à faire graver des cartes géographiques qui devaient rester secrètes, avait chargé le sieur G. D. Lale de leur exécution ; qu'en conséquence il était défendu à toute autorité de pénétrer dans le local où se gravaient ces cartes, et, sur la présentation signée du Ministre, aucune autorité ne devait dépasser le seuil de la porte, sauf à en référer au Ministre de la police générale. J'en étais à la sixième planche lorsque je reçus la première visite de M. Desmaret ; il visita mon local et le trouva merveilleusement en rapport avec le travail.

Plusieurs jours après, l'agent du gouvernement se présente chez moi : il était neuf heures du soir ; il me donna ordre de placer dans mon portefeuille les six cuivres dont la gravure était terminée, et de le suivre.

Je m'acheminai avec lui vers le boulevard du Montparnasse ; le temps était obscur ; je lui fis observer que le boulevard était à cette heure peu fréquenté :

« Si des malveillants venaient nous attaquer et m'enlever mon portefeuille ? »

— « Rassurez-vous, me dit-il, nous avons derrière nous trois lurons qui ne tarderaient pas à nous secourir. Pensez-vous que je m'aventurerais à cette heure si je n'étais point surveillé. »

Nous arrivâmes au numéro 25 sur le boulevard, par la rue de Vaugirard :

« Observez bien, me dit-il, la manière de sonner à la porte de cette maison. »

Il sonna deux fois, deux forts coups à distance égale ; puis il mit la cloche en branle pendant environ dix minutes. Un homme d'une forte taille vint nous ouvrir et referma de suite la porte.

Arrivé à l'extrémité d'un long couloir, même précaution ; la porte s'ouvrit ; nous passâmes à travers un petit jardin, et nous voilà dans une grande pièce au rez-de-chaussée, où se trouvait un cabinet particulier pour M. le directeur Fain, frère du secrétaire de S. M. l'Empereur.

M. Terrasson me présenta à M. le directeur, qui m'accueillit d'une manière fort distinguée ; il m'invita à l'accompagner à l'imprimerie. Elle servait de dortoir aux ouvriers imprimeurs, ainsi qu'aux employés de la maison ; les lits étaient à bascule et paraissaient être renfermés dans des armoires. Nous passâmes dans une seconde pièce ; je fus bien surpris d'y trouver le sieur Malo, qui achevait de monter les presses qui devaient fonctionner le lendemain matin ; il avait gardé le silence, et il ne m'avait point fait part de sa nouvelle demeure : c'était un homme d'une discrétion à toute épreuve.

Après avoir déposé mes cuivres sur la table, on me fit descendre de nouveau au bureau du directeur, qui me fit connaître aux portiers de la maison ; il leur donna l'ordre de me laisser entrer à toute heure de la nuit, et me recommanda d'observer la consigne, sous peine de rester à la porte. Le plus grand silence régnait dans cette maison, ainsi qu'une grande discrétion d·la part de ceux qui s'y trouvaient employés.

Je pris congé de ces messieurs, et m'en revins chez moi à minuit passé ; j'étais accompagné de M. Terrasson et, à n'en point douter, des agents préposés à notre garde.

Je terminais la douzième planche, lorsque je fus prévenu par feu mon épouse qu'un équipage s'arrêtait à la porte de ma maison ; un fort coup de sonnette se fit entendre. Mon épouse reconnut M. Desmaret, qu'elle avait déjà vu plusieurs fois. Il était accompagné du Ministre de la police générale. Son Excellence entra dans mon appartement et se plaça devant ma table. Il se fit présenter par moi l'état des planches gravées et de celles qui étaient sur le point d'être terminées.

« Monsieur, me dit-il, combien pensez-« vous qu'une planche puisse donner d'é-« preuves? — Cinq à six mille. —C'est peu « en raison de la typographie. — C'est vrai, « Monseigneur ; mais la taille-douce ne « ressemble point aux caractères en relief; « la retouche de mes planches peut encore « vous donner un plus grand nombre d'é-« preuves. » Je lui fis remarquer plusieurs billets de banque d'Angleterre qui avaient été retouchés, et je l'assurai qu'une planche pouvait tirer de dix à douze mille épreuves après la retouche. Après avoir examiné le local il me recommanda de redoubler de zèle et d'activité en m'observant, ainsi qu'à M. Desmaret, que S. M. l'Empereur était impatient d'arriver. Il partit en me témoignant sa satisfaction de l'exécution de ma gravure et de sa parfaite ressemblance avec les originaux.

Quelques jours après je rencontrai le commissaire de police de mon quartier ; il me connaissait depuis mon enfance. « Il y « a quelques jours, me dit-il, j'ai vu entrer « chez vous deux personnages ; ils des-« cendaient d'une voiture aux armes du «Ministre de la police générale ; vous avez

« donc des relations avec Son Excel-« lence ? »

— « Vous avez bien vu, Monsieur, c'é-« tait effectivement lui. En sa qualité de « président de la commission chargée de « l'historique des campagnes de Sa Majesté; « il a pour habitude d'aller rendre visite « aux graveurs attachés au Dépôt général « de la guerre qui ont des travaux à domi-« cile, à l'effet de s'assurer de leur exacti-« tude à bien rendre les dessins qu'ils sont « chargés d'exécuter en gravure. » Nous parlâmes d'autre chose, et il ne se présenta point à mon domicile pour s'assurer de la vérité.

Peu de temps après la visite du Ministre, il se passa un événement des plus tragiques à l'imprimerie du boulevard Montparnasse.

Le commissaire de police Maçon passait à cette époque pour un homme adroit en fait de surveillance ; il était chargé de la police des halles ; il s'était fait craindre des marchandes du marché.

Depuis quelques jours, plusieurs individus rôdaient autour du jardin de l'imprimerie du boulevard ; le rapport en avait été fait au ministère ; les mesures de précaution avaient été prises à l'effet de déjouer toute entreprise contraire à la sûreté de la maison.

Le commissaire Maçon avait été prévenu par ses agents qu'il y avait sur le boulevard, n° 25, une imprimerie suspecte ; que l'on y voyait souvent entrer des gens qui, par leur mise, annonçaient de l'aisance ; que d'autres y étaient admis portant sous leurs bras des portefeuilles de ministre; qu'il y entrait plusieurs fois dans la journée des provisions de bouche considérables en raison du petit nombre de personnes qui entraient et sortaient de ladite maison.

Force fut donc au commissaire de faire investir la maison et de se saisir de tout ce qu'elle contenait.

Un mardi, à 2 heures du jour, le coup de sonnette se fit entendre ; conformément à la consigne, le premier portier ouvrit à l'instant. Il se vit prendre à la gorge, il se défendit avec courage et cria : A mon secours! L'alarme se répandit aussitôt dans la maison ; les ouvriers se saisirent à l'instant de tout ce qui se trouvait sous leur main.

A la seconde porte d'entrée ils s'aperçurent que deux agents s'étaient glissés furtivement par une petite fenêtre qui donnait sur le couloir; ces deux hommes avaient pénétré, en enfonçant avec leurs pieds cette petite croisée, dans la cuisine qui communiquait à un petit escalier dérobé, celui de l'imprimerie; ils furent à l'instant saisis et terrassés par les ouvriers embusqués dans le petit escalier.

M. Fain, entendant frapper à coups redoublés à la seconde porte d'entrée, la fit ouvrir. Il est saisi à l'instant par le commissaire Maçon, qui le tenait fortement par le cou; M. Fain pouvait à peine parler. Il conjura le commissaire de lire la pièce qu'il tenait en main; mais le sieur Maçon ne voulait rien entendre. Il criait à ses nombreux agents d'appeler la force armée qui se trouvait placée autour des murs (*sic*) du jardin et devant la première porte d'entrée.

Le parti assiégé tint bon et disputa le terrain pied à pied; les coups de canne roulaient de la part des agents de police; les employés de la maison ripostaient avec des instruments de cuisine dont ils s'étaient emparés avant le combat; il y avait des blessés de part et d'autre, le pavé de la cuisine était couvert de sang. Enfin le commissaire Maçon, ayant pris lecture du sauf-conduit et ayant reconnu la signature d'un personnage auguste et celle du Ministre, se rendit à discrétion. Pâle et tremblant, il devint à l'instant l'homme le plus pacifique qu'il soit possible; demandant à M. Fain mille excuses, il ordonna à ses agents de se rallier; il fit rappeler la force armée qui lui servait d'escorte, et le voilà en pleine retraite sur la préfecture de police, dont il n'aurait point dû sortir sans un ordre du préfet. Il fit porter ses blessés par leurs camarades jusqu'aux voitures qui devaient emmener les habitants de la maison qu'il avait investie.

J'arrivai deux heures après cette aventure; je trouvai MM. Desmaret, Fain et Larrey, professeur au lycée Impérial. Je remarquai que c'était la première fois que je voyais ce monsieur dans l'imprimerie; depuis, j'appris qu'il était chargé de la correspondance étrangère, qu'il était l'intime ami de M. Desmaret et jouissait de la confiance du Ministre; c'était un homme de beaucoup d'esprit et savant en littérature.

Tout le monde était en émoi; deux ouvriers, grièvement blessés, gisaient sur le plancher. Procès-verbal fut dressé; j'en entendis la lecture, et je sus que le commissaire Maçon fut mandé à la police générale le lendemain de cette affaire, et que peu s'en fallut qu'il perdît sa place.

Quinze jours après cet événement dont aucun journal n'a parlé, tant était forte la surveillance sur la presse, M. Desmaret me fit demander: je me rendis à son invitation.

Je me rendis au ministère à 8 heures du soir. Il y avait grande réception: je vis sortir du cabinet de M. Desmaret un grand nombre d'officiers décorés et plusieurs généraux; j'ignorais que le Ministre étendît sa surveillance sur l'armée, ce qui le mettait en rapport avec un grand nombre d'officiers supérieurs.

Immédiatement après cette audience, je fus admis dans le cabinet. M. Desmaret tira de son portefeuille une liasse de petits billets de la banque de Prusse. Ils étaient grands comme une carte à jouer et ressemblaient un peu aux corsets (*sic*) de la République; le dos de ces billets de banque était d'un bleu clair et vernissé de blanc. Je remarquai au bas le nom Dancillon comme signataire; la seconde signature m'est passée en oubli.

Le texte était en caractères mobiles assez mal gravés. Le tout était orné d'une légère bordure qui avait été fondue tout exprès.

En examinant ces billets, il se passa en moi quelque chose d'extraordinaire. La Prusse était en paix avec la France. Cette idée était pour moi accablante, et de suite je pris la ferme résolution de ne point me charger d'un pareil travail.

Je priai M. Desmaret de me confier un de ces billets, ayant besoin de l'examiner avec soin; il consentit à ma demande; il m'invita à lui faire un rapport détaillé sur les moyens d'exécution; je pris congé de lui à 10 heures du soir.

Le lendemain, j'allai trouver mon beau-frère Pauquet: c'était un artiste fort distingué; il était chargé de la direction de la gravure du sacre de l'Empereur, il lui était très-dévoué. Pauquet excellait dans l'art de graver à l'eau-forte. Il avait été chargé dans le temps par le Comité de salut public de contrefaire à l'eau-forte le

www.ingramcontent.com/pod-product-compliance
Lightning Source LLC
Chambersburg PA
CBHW060747280326
41934CB00010B/2392